JN312543

THE
TRIPLE-
POST
OFFENSE
SIDELINE TRIANGLE

バスケットボール
トライアングル・オフェンス

テックス・ウィンター｜著
笈田欣治｜監訳
村上佳司 & 森山恭行｜訳

by
Fred
"Tex"
Winter

大修館書店

The Triple-Post Offense
(Sideline Triangle)
By Fred "Tex" Winter, 1962

Taishukan Publishing Co., Ltd.
Tokyo, Japan, 2007

監訳者まえがき

　このたび，伝説的なバスケットボールの指導書「The Triple-Post Offense（Sideline Triangle）」を『バスケットボール　トライアングル・オフェンス』として，日本のバスケットボール関係者に向けて上梓できることを訳者一同，心からうれしく思っている。
　トライアングル・オフェンスは，本書の原著者であるテックス・ウィンターが創案したオフェンスシステムであるが，ご存じのように，2007年1月7日にNBAのコーチとして9人目の900勝をあげた，現ロサンゼルス・レイカーズのフィル・ジャクソン・ヘッドコーチが得意とする攻撃法としても有名である。彼の手によって，1989年から1998年の10年間にシカゴ・ブルズで6度（2度の3連覇），1999年から2001年にかけてはロサンゼルス・レイカーズで3度（3連覇），このトライアングル・オフェンスがNBAを制覇しているのである。
　フィル・ジャクソンは1987年，シカゴ・ブルズのアシスタントコーチに就任した際に，そのときすでにブルズのアシスタントコーチであったテックス・ウィンターと知り合い，トライアングル・オフェンスの哲学的な奥深さと美しさに魅了されるようになった。テックス・ウィンターのトライアングル・オフェンスは，フィル・ジャクソンがニューヨーク・ニックスでプレーしていた当時のコーチであったレッド・ホルツマンが採用していたオフェンスと似通ったプレーシステムであり，さらにそれを進化させたものであった。「それは，私心をなくすことを意識するという禅とキリスト教の姿勢を具体化したものであった。本質的には，そのシステムは，頭と体，そしてスポーツと精神を誰もが学べる実用的で地に足がついた形に統一したものであった。トライアングル・オフェンスとはつまり，5人でやる太極拳のようなものである。その基本的な考えは，ディフェンスのバランスを失わせて，フロアに無数のオープンな場所をつくるために，動きの流れを巧みに調整することである」と述べている。"Zen Master" のニックネームを持つ彼にとって，このシステムはまさに当を得たものであったのである。

1989年，フィル・ジャクソンはヘッドコーチに昇格するとすぐに，同志テックス・ウィンターを"知恵袋"に，このシステムを取り入れた。当時のブルズのバスケットは，スーパースター，マイケル・ジョーダンと彼のとり巻きからなるワンマンショーだと思われていたが，トライアングル・オフェンスが採用されることによって，チーム全員がオフェンスに参加でき，個人よりチームを優先させるバスケットに変わっていったのである。1991年から1993年まで3年続けてNBAのチャンピオンに輝いたときの本当の理由についてフィル・ジャクソンは「チームのメンバーが，一人の人間の力ではなく，一つにまとまることの力のほうを信じて努力を重ね，チームを分裂させる自己中心的な気持ちを克服したことにある」と述べている。シカゴ・ブルズ時代のB.J.アームストロングも「もし，自分だけのためにプレーしていたら，お互いがばらばらになってしまっていただろう。もし，決まったプレーだったら，常に誰がシュートするかわかってしまう。このシステムだと，誰もがシュートでき，誰もが得点でき，誰もがパスできるので，誰でもフリーな人に対応できる」と述べている。テックス・ウィンター自身，トライアングル・オフェンスの神髄について「セットプレーのないセットオフェンス」，「コート上の5人が5本の指のように動くコミュニティ志向のオフェンス」という禅問答のような答え方をし，また，「セットプレーというのは非常によくある攻撃パターンで，あらかじめ決まったオフェンスのパターンを誰かの指示で行うプレーのスタイルである。これに対してトライアングル・オフェンスは攻撃しているチームの全員がディフェンスの動きを読み，自分が動くことで相手を撹乱しノーマークをつくっていく。だから習熟するのがとても難しいけれども，うまく機能すればまもるのが極めて困難なすぐれたオフェンスシステムなのだ」とも述べている。

　テックス・ウィンターは1947年，南カリフォルニア大学を卒業。1952年に伝統ある大学の中では最も若いヘッドコーチとしてマーケット大学に赴き，1954年にはカンザス州立大学のヘッドコーチに就任。1959年当時，世界で最もすばらしいプレーヤーといわれたホアン・ヴィセンスを育てた。1958年と1962年には年間最優秀コーチに選ばれている。本書はそのとき（1962年）に書かれた傑作である。

　テックス・ウィンターはバスケットボールの伝説的な理論家である南カリフォルニア大学のサム・バリーとパデュー大学のピギー・ランバートの

弟子であった。当時はまだ，NBAもなかった頃の話で，大学のバスケットボールがスポーツの王者だったころであり，両手でシュートし，パターン的なプレーの時代であった。彼は何度か最優秀コーチ賞に輝いたが，プロのレベルでは1971年から1973年の間，ヒューストン・ロケッツのヘッドコーチの仕事をした以外はほとんど実績がなかった。しかし，ブルズのジェネラルマネジャーであったジェリー・クラウスは当時，テックス・ウィンターとは親しくしており，ウィンターがシカゴに来るたびに会い，バスケットボールの話に花を咲かせていた。ウィンターのことをバスケットボールの導師として遇し，1985年にシカゴ・ブルズのジェネラルマネジャーになると，最初にアシスタントコーチとして迎え入れたのである。

　ウィンターは気骨のある人物だが，親しみやすく，フィル・ジャクソンも彼のことが大好きだった。選手たちもテックス・ウィンターに絶大なる信頼を寄せ，ブルズの優勝祝賀会において，B.J.アームストロング，デニス・ホプソン，ステイシー・キング，クリフ・レビングストンたちがテックス・ウィンターのために即興のラップソングを演奏した。「ああ，僕らはトライアングルを信じている，テックス，そう，僕らは信じている。僕らはそのトライアングルを信じている。それは，内情に通じている者にとっては，ショーなのだ」と唄った。「目にいっぱい涙をためて，ジョーダンは，優勝トロフィーをまるでそれが生まれたばかりの赤ん坊であるかのように抱きしめた」とフィル・ジャクソンが書いた『勝利への意識革命』の文章からも，テックス・ウィンターに対する敬愛の気持ち，トライアングル・オフェンスのすばらしさをうかがい知ることができるのではないだろうか。レイカーズのコービー・ブライアントは「テックス・ウィンターは僕にとって，個人的にも頼れる大きな存在だ。バスケットボールに対して非常に真摯な思いを抱き，生活すべてがバスケットボールのため，というストイックな考え方の持ち主だ。だからチームメイトの中には"昔の学校の先生みたいだ"と敬愛する者もいる。彼は間違ったプレーについては批判するが，失敗した個人を責めたりはしない。そんなテックスにはハッピーでいてもらいたい。これからもずっと僕らといっしょにいてもらいたいと心から思う。精神的にはとても若い。チャンピオンシップを勝ちとるための僕らの守護神さ」と言わしめるほど慕われていた。

　前述したように，著者テックス・ウィンターは南カリフォルニア大学でサム・バリー・ヘッドコーチのもとでバスケットボール哲学を身につけ，

このトライアングル・オフェンスを創案したのだが，このことはわれわれ日本のコーチにとっても大いに関連がある。1933（昭和8）年に，南カリフォルニア大学のアシスタントコーチであったジャック・ガードナーと選手であったサミー・アンダーソンが来日し，バリー・システムを指導してまわったからである。ジャック・ガードナーとアンダーソンは「日本人は，個人技術の中でも，シューティングは優れているが，ディフェンス技術，ピボット，ドリブルが劣っている。日本にはシステムプレーがない。これはプレーヤーが悪いのではなく，コーチが悪い。システムプレーがいかなるものであるかということを認識して，コーチの指導のもと，毎晩練習を積むことが必要である」と述べて帰国した。当時からアメリカのバスケットボール界においてシステムプレーの重要性が示唆されており，テックス・ウィンターのコーチ哲学を生み出した背景をうかがい知ることができる。

　このたび，40年以上前の古い指導書をこのように出版するのも，世界の最高峰であるNBAにおいて，フィル・ジャクソンという偉大なコーチ，および数多くの偉大なプレーヤー（ブルズにおけるマイケル・ジョーダンをはじめ，パクソン，グラント，カートライト，ピッペン，アームストロング，ロッドマン，さらにはレイカーズにおけるブライアント，オニール，グリーン，オーリー，ハーパー，フォックスなど）たちにより，9シーズンにわたってNBAを制覇したトライアングル・オフェンスというシステムを日本のバスケットボール指導者に知ってもらいたかったからである。さらに，いかにシステムが重要であるかということをもう一度考える機会を持ってほしいと思ったからである。

　最後に，われわれの熱い気持ちに応えていただき，出版にご協力していただいた大修館書店編集第三部の粟谷修氏に対し心から感謝の気持ちを表したい。

2007年5月
笈田欣治

もくじ

監訳者まえがき i

第1章 トライアングル・オフェンスの基本 1

1 | トライアングル・オフェンスの基本的な考え方 2
- ●安定したトライアングル・オフェンスをつくる7原則...3
- ●基本的なプレーヤーのポジション...4
- ●ガードとフォワードの最初のポジション...5
- ●展開ライン...6
- ●パッシングの7つの原則...7

2 | フォワードがガードからパスを受けるときの動きとフットワーク 10
- ●ディフェンスが接近してまもってきたときの動き...10
- ●フォワード・ポジションでパスを受けるときのフットワーク...11
- ●パスを受けとったあとの基本動作...12
- ●リバースピボット・トラップ...13
- ●ポストエリアでおこなわれるフットワーク...14

第2章 トライアングル・オフェンス 15

A | サイドライン・トライアングル・シリーズ 16
1. ストロングサイド・オフェンス
- ●サイドライン・トライアングル...16
2. ウィークサイド・オフェンス
- ●ガードへのNo.2パス・プレー...18
- ●フォワードへのNo.2パス・プレー...20

B | ガード・ドリブル・シリーズ 22
1. ストロングサイド・オフェンス
- ●アウトサイドでの展開...22
- ●コーナーからの展開...23
- ●ポストのポジションチェンジ...24
2. ウィークサイド・オフェンス
- ●ガードへのNo.2パス・プレー...25
- ●逆サイドのフォワードへのNo.2パス・プレー...26

　　　　　　　　　C│ガード・インサイドスクリーン・シリーズ 28
　　　　　　　　　　　1. ストロングサイド・オフェンス
　　　　　　　　　　　　●ガード・インサイドスクリーン...28
　　　　　　　　　　　　●ガード・インサイドカット...29

　　　　　　　　　D│ソロカット・シリーズ 31
　　　　　　　　　　　1. ストロングサイド・オフェンス
　　　　　　　　　　　　●フォワードのソロカット...31
　　　　　　　　　　　2. ウィークサイド・オフェンス
　　　　　　　　　　　　●センターのためのNo.2パス・プレー...32
　　　　　　　　　　　　●ガードのスクイーズ...34

第3章　　　　　　1│ガードからフォワードへ展開するドリル 36
セットオフェンスの　　　●基本的フットワーク...36
組み立てドリル　　　　　●フォワード・ポジションからの攻め...37
.... 35　　●フォワードのアウトサイドをカットする攻め...38
　　　　　　　　　　　●フォワードのリアスクリーンを利用した攻め...39
　　　　　　　　　　　●フォワードによるアウトサイドスクリーンを利用した攻め...41
　　　　　　　　　　　●サイドライン・トライアングル・シチュエーション...42
　　　　　　　　　　　●ガードのインサイドカット...42
　　　　　　　　　　　●ガードのインサイドスクリーン...43

　　　　　　　　　2│ガードからガードへ展開するドリル 44
　　　　　　　　　　　●パスからインサイドスクリーン...44
　　　　　　　　　　　●ドリブルでのインサイドスクリーン...44
　　　　　　　　　　　●ドリブルでのインサイドスクリーンとバスケットカット...45
　　　　　　　　　　　●ドリブルでのインサイドスクリーンとリバースカット...45
　　　　　　　　　　　●インサイドカットとポストアクション...45

　　　　　　　　　3│ガードとフォワードの
　　　　　　　　　　シューティング・ドリル 47
　　　　　　　　　　　●No.2パスからのショット...47
　　　　　　　　　　　●ベースライン・エリアからのショット...47
　　　　　　　　　　　●ドリブルウィーブからのショット...48
　　　　　　　　　　　●ピンチポストを利用した攻め...48
　　　　　　　　　　　●ピンチポストからのショット...49
　　　　　　　　　　　●ガードとフォワードのバックドア...50

　　　　　　　　　4│セットオフェンス・ドリル 51
　　　　　　　　　　　●ハイポストへのスプリット...51

- ●ガード・スクイーズ...52
- ●ガード・アラウンド,フォワード・アラウンド...53
- ●サイドライン・トライアングル(スリーメン)...53
- ●ガード・ドリブル(スリーメン)...54
- ●ソロカット...55
- ●サイドライン・トライアングルのウィークサイド・フォワードピンチ(フォーメン)...56
- ●ソロカットからセンターへのダブルスクリーン(ファイブメン)...57

第4章 ファストブレイク・アタック 59

1 | ファストブレイク成功のカギ 60

2 | ファストブレイクのチャンスにつながるシチュエーション 61
  - ●インターセプション...61
  - ●アウトオブバウンズ(エンドラインからのスローイン)...61
  - ●フリースロー...63
  - ●ジャンプボール・シチュエーション...65
  - ●ディフェンシブリバウンドからのファストブレイク...65

3 | ファストブレイクを組み立てるドリル 66
  - ●1対1ドリル...66
  - ●2対1ドリル...67
  - ●スリーレーンブレイク・ドリル...68
  - ●5人のファストブレイク・ドリル...71
  - ●5対2のファストブレイク・ドリル...73
  - ●ベストなファストブレイクのパターン...74

4 | ファストブレイクのポイント 75

第5章 ゾーン・ディフェンスに対する攻め 77

1 | ゾーン・ディフェンス攻略のカギ 78
  - ●ゾーン・ディフェンスの原則...78
  - ●ゾーン・ディフェンスの特色...80

2 | ゾーン・ディフェンスの攻め方 81
  - ●ファストブレイクからの攻め...81
  - ●原則的な攻め方...81
  - ●フリーランスアタック...82

- ●ディフェンスと同じアラインメントを使ったオフェンス...82
- ●ディフェンスと逆のアラインメントを使ったオフェンス...83
- ●さまざまな方法を合わせたセットオフェンス...85
- ●2-3ゾーンに対する2-3のオフェンスアラインメント...85

3 | ゾーン攻略のポイント 88

第6章 プレス・ディフェンスに対する攻め 91

1 | プレス・ディフェンス攻略のカギ 92
- ●プレス・ディフェンスのタイプ...92
- ●プレス・ディフェンスを使う目的...93
- ●プレス・ディフェンスを攻めるポイント...94

2 | 基本的なプレス攻略法 98
- ●基本的なフォーメーション...98
- ●フォワードへのパスによる攻略...99
- ●センターへのパスによる攻略...100
- ●ベースラインからのインバウンド...101

3 | パスとカッティングに重点をおいたプレス攻略法 102
- ●ストロングサイドのフォワードによるクリアアウト...102
- ●ガードのスクイーズ...103
- ●ウィークサイドのガードによるクリアアウト...103
- ●センターのクリアアウト...103
- ●ガードのハイポストへのスプリット...104
- ●ガードアラウンド,フォワードアラウンド...104
- ●フォワードの中継...104
- ●フォワードのバックスクリーン...105

4 | ディレイとフリーズ 106
- ●パスとカッティング...106
- ●3アウト2イン...107

第7章 ファンダメンタルの重要性 109

1 | ボディコントロール 110
- ●ボディバランス...110
- ●基本姿勢...110
- ●オフェンスフットワーク...110

2 | ドリブル 111

3 | ショット 112
- ●ボディバランス...112
- ●自信...113
- ●リラックス...113
- ●集中力...114
- ●感情...114
- ●自制...115
- ●シューティングのポイント...115

4 | パス 116
- ●ビジョン（視野）...117
- ●ディセプション...118
- ●パスにおけるメンタルな要素...118

第8章 練習のくみたて 121

1 | 練習のマスタープラン 122
- ●カンザス州立大学のマスタープラン...122
- ●ファンダメンタルの扱い...123

2 | 練習のくみたて 124
- ●マスタープランの作成手順...124
- ●マスタープランのアウトライン...125
- ●練習時間の配分...130
- ●スクリメージ...131

第9章 コーチング 135

1 | コーチングにおける心理学 136
- ●コーチングに際して考慮すべきこと...136
- ●コーチングにおけるポイント...138
- ●プレーヤーの個性を生かす...140
- ●プレーヤーにコーチの考えをきちんと伝える...141
- ●プレーヤーにやる気を起こさせる...142

2 | コーチのこころがまえ 144
- コーチングの準備...145

3 | コーチング・フィロソフィー 150
- 順応性...152
- ユーモアのセンス...153
- 若々しい精神...154
- 感受性...154
- 性格の良さ...155
- 規律...155
- スポーツ活動の教育的価値...157
- 勇気...157
- プレッシャーや緊張と共に生きることを学ぶ...158
- 過度の緊張を制御するすべを学ぶ...159

訳者あとがき 162

図の凡例

①〜⑤	オフェンスプレーヤー	………▶	パス
X₁〜X₅	ディフェンスプレーヤー	…1〜▶	パスの順番
⟶	プレーヤーの動き	〜〜〜▶	ドリブル
⊢	スクリーン	⇨	ショット
⊢▶	チェンジオブペース		

第1章
トライアングル・
オフェンスの
基本

1

Building
The
Triple-Post
Offense

1 トライアングル・オフェンス*1の基本的な考え方
BUILDING THE TRIPLE-POST OFFENSE

セットオフェンス*2のおもな目的は適切な得点チャンスを生み出すことであり，これはすべてのオフェンスの基本的な目的でもある。この目的を達成するためにはいろいろな方法があるが，すべてのコーチが理解しなければならないのは「どのような方法を用いるかではなく，その方法をいかに実行するか」ということである。すなわち，基礎をしっかりと積み重ね，プレーを正しく実行することを追求しなければならない。システム全体がうまくいくか否かは，プレーを実行する上でのほんの細かいことによって決定づけられる。その微妙な違いが，一流プレーヤーと普通のプレーヤーの差であり，そして勝つチームと負けるチームの差でもある。

　コーチとプレーヤーにとって最初に必要なのは，個人のファンダメンタルを完璧にマスターすることである。次に必要なのはその基礎的能力をチーム力へと統合することである。このことがうまくなされれば，しっかりとした土台を持った家が築かれるように，バスケットボールという"建物"ができ上がることになる。そうなればチームは自信を持ってプレーし，揺らぐことなく成功していくだろう。

　本書に記されたプレースタイルはバスケットボールの起源と同じくらい古いものである。ここにはプレーの基礎と，プレーシステムの一部として活用されるドリルが含まれている。本書で述べられているセットオフェンスのパターンはチーム構成やプレーヤーの能力に応じて変更することも可能である。しかし，プレーヤーが毎シーズン入れ替わったとしても，変更を加えるのは，ある特定のオプションにおけるいくつかのポイントだけで十分であろう。そうすることによって，プレーヤーの能力や長所を生かすことができればよいのである。

---

*1. トライアングル・オフェンス[the triple-post offense] 原書にならえばトリプルポスト・オフェンスであるが，NBAのブルズ，レイカーズを通して「トライアングル・オフェンス」として言い習わされ普及していることから，訳出語として"トライアングル・オフェンス"を採用した。　*2. セットオフェンス[set offensive patterns/set:配置] 各プレーヤーがあらかじめチームで決められた動きや位置に関する約束事に従って展開するオフェンスのこと。パターンオフェンスともいう。

安定したトライアングル・オフェンスをつくる7原則

適切な得点チャンスを生み出すためにおこなうべきことは以下の通りである。

1. オフェンスはディフェンスを突破（ペネトレート*3）しなければならない。
   a. 各プレーヤーが適切なタイミングでショットを打つことによって高いショット成功率が達成される。
   b. インサイドでのパワープレーに重点をおく。ファウルをもらいながらショットを決めるパワープレー（3ポイントプレー）をおこなう。
   c. フルコートプレスからダブルチームディフェンスまで，すべてのディフェンスの型をきり崩す。
2. バスケットボールはフルコートのゲームである。ファストブレイクを出したときのスピードですべての技術をおこなえるようになること。プレーをおこなう際には，現時点でおこなうことのできる最大のスピードを知り，そのスピードを少しずつ速くしていく。ファストブレイクはディフェンスから始まる。常にファストブレイクをねらうことである。
3. オフェンスの際，各プレーヤーが5m前後*4のスペース（間隔）をとること。これによってコートを広く使うことができ，効果的な攻めのスペースをつくり出すことができる。また，ディフェンスも，ボールの移動に合わせてポジションを変えざるを得なくなる。
4. プレーヤーとボールの動きが目的に適ったものであること。オフェンスは1つのボールと5人のプレーヤーによって成り立っている。各プレーヤーはオフェンスにおける約8割の時間，ボールを持っていない状態にある。
5. すべてのショットに対してしっかりとリバウンドポジションをとり，また，次のディフェンスに備えた適切な場所どりをおこなう。
6. ボールを保持しているプレーヤーは，チームメイト全員にパスできる状態であること。また，ディフェンスに対してカウンターの動き*5ができ

---

*3. ペネトレート[penetrate/:貫通する,入り込む] オフェンスプレーヤーがディフェンスの間をドリブルで突破すること。また，ディフェンスの中や間にパスを通すこと。　*4. 5m前後[15'～18'/foot=30.48cm] 15～18フィートは4.5～5.5m。これを5m前後とした。　*5. カウンターの動き[counter to the defense/counter:逆をつく] ディフェンスの逆をつく動き，あるいはディフェンスの裏をかく動きのこと。

なければならない。

7. 個々のプレーヤーの能力を生かすこと。ベストシューターに確率の高いショットを打たせ、リバウンダーのためにリバウンドチャンスをつくり、ドライブが得意なプレーヤーには、ドライブチャンスをつくり出す。セットプレーにこだわらず、個々のプレーヤーが自らの判断でプレーをおこなうチャンスを与える。

基本的なプレーヤーのポジション

　本書で解説するセットオフェンスのパターン*6を把握するためには、その根本的な考え方を理解することが大切になる。図1に、基本となるプレーヤーのポジションを示した。

　セットオフェンスを始めるにあたっては、センターをインサイドに置いた2—3のセットアップ*7でフロアスペースを占める。プレーヤーどうしは、およそ5m*8の間隔を維持すること。これによって、適切なフロアスペースがとれ、ディフェンスを広げることができ、同時に早くて正確なパスをまわすことができる。5mの距離であれば、速く、正確で、しかもディフェンスにインターセプトされることのないパスを容易に出すことができるはずである。これより長い距離のパスになると、大きな動作がともなうため、相手に予測されてしまい、インターセプトされる危険性が増すことになる。

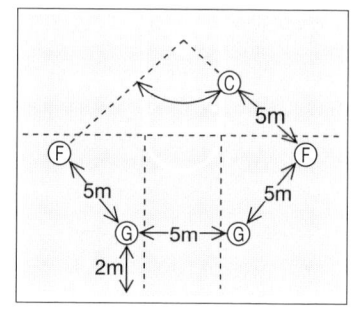

図1

---

*6.パターン[pattern/:行動などの基本型] トライアングル・オフェンスにおける個々のオプションを指している。　*7.セットアップ[set-up/:仕組み] プレーヤーの配置のこと。　*8.およそ5m[eighteen feet] 18フィートは5.5m。これを5mとした。

ガードとフォワードの最初のポジション

　ガードは，およそ5mの間隔をとり，センターラインから2mくらい[*9]入った位置からプレーを始める。フォワードのポジションはフリースローラインの延長線よりもややセンターライン寄りの場所で，チームメイトがそのアウトサイドを通ってもサイドラインの外に出ないだけの十分な距離をとった位置である。フォワードがこのポジションからプレーを始めるのには，次のような理由がある。

1. ガードが図1で示されたエリアからプレーを始めるので，フォワードがフリースローラインの延長線上よりもややセンターライン寄りの場所にポジションをとれば，ガードとフォワード間のパスは，理想とされる5mの距離より長くはならない。
2. フォワードとバスケットを結ぶ線を展開ラインと呼ぶが，フォワードがこのポジションをとることで，展開ラインが45°の角度[*10]になる。すなわち，バスケット方向にパス，またはカットする角度が45°になるということである。
3. フォワードがフリースローラインの延長線上よりもややセンターライン寄りの場所，すなわち"高い位置[*11]"でプレーすることになるので，コーナーのエリアが空き，このエリアを利用してのパッシング，カッティング，フェイク，ドライブなどのプレーが可能になる。
4. ガードにとっては，フォワードのアウトサイドをカットすることで，コーナーでプレーするスペースを確保できる。また，フォワードのアウトサイドを鋭くまわることで，バスケットに対して絶好のカットインの角度を確保できる。もし，フォワードがより深いポジショニング（ベースライン沿いの方向）をとれば，ガードのバスケット方向に対するカッティング角度は大きくなり，コーナーのエリアも小さくなる。コーナーのエリアはさまざまな状況で使われるため，フォワードが"高い位置"でポジションをとってプレーに入るつもりでいる[*12]ことが重要である。

---

*9. 2mくらい[six feet] 6フィートは1.8m。これを「2mくらい」とした。　*10. 45°の角度[45-degree] なぜ角度が45°でなければならないかは，P.6参照のこと。　*11. 高い位置[opposite the free-throw line extended/opposite：向こう側] バスケットから遠い側のこと。ハイサイドともいう。原書には"high" (opposite the free-throw line extended)とある。　*12. 入るつもりでいる[initially shape up] この表現を使ったのは，実際にプレーが始まってしまうと，必ずしもこのポジションをとれないことがあり得るからである(原書より)。

5. センターを1人インサイドに置いたセットアップ（**シングルポスト**）になった場合は、可能な限りバスケットに近い位置にボールを入れることが重要となる。そのためにはセンターへのパスをできる限り簡単なものにしなければならない。フォワードがこの高い位置をとり、センターが展開ライン上の深い（バスケットに近い）位置をとれば、ゴール前のセンター、およびボールを持ったフォワードも、相手と1対1の状況[*13]となる。

🏀 展開ライン

センターのポジションについては、フォワードのポジションと結びつけて説明したが、展開ラインに基づいたポジションどりの重要性をさらに認識するために、実際にセンターがこの展開ライン上で位置どりをし、フォワードが適切なポジションでボールを持ったときにどうなるか見てみよう。

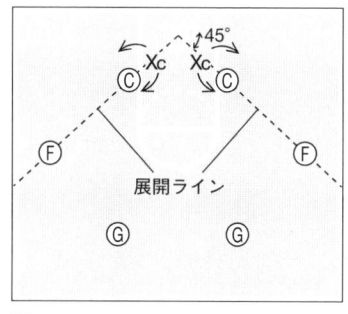

図2から、展開ラインを使用することで何が達成されるかがよくわかるはずである。

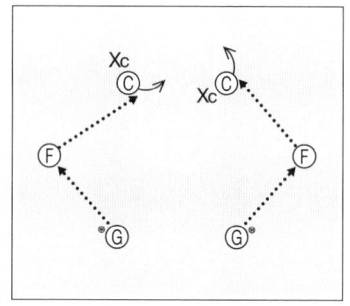

センター©をディフェンスしているX_cが、展開ラインにいる©を普通にまもろうとするのであれば、X_cは、©の背後でディフェンスポジションをとらなければならない。そうすると、フォワード⑤は、X_cをあまり意識することなく©へボールを入れることができる。X_cは、©からボールが入るのを防ぐために、自分のポジションを変えてどちらかのサイドへ動くか、フ

図2

図3

[*13]. 1対1の状況[a one on one situation is created] このような1対1の状況ができればかなりオフェンスが有利であることを示している。

ロント*14のポジションをとらなければならない。ベースラインサイド，ハイサイドのどちらに動いたとしても，X_Cは，ⓒとバスケットの間のポジションを失うことになり，速いパスがⓒのオープンサイド*15へ入ることになる。

　この考え方をプレーヤーへ教え込むことによって，ディフェンスがどれだけポストへのパスを防ごうとしても，簡単にポストプレーヤーへボールを入れることができるようになる。図3はそのためのドリルである。

　もし，X_Cが，ⓒのフロントに位置どりした場合も，このディフェンスポジションの弱点をつくためのいくつかの手順をふめば，ポストにパスを通すことができる。

　このドリルは，それぞれがひとつのポジションを3回おこなってから，右方向にポジションを交代しておこなう。このドリルでは，ポストプレーヤーへパスを入れるための展開ラインとその考え方を徹底させる。これは，練習の初期段階におこなうべきドリルである。

　このドリルの目的は，ポストプレーヤーに展開ラインでの適切なポジションどりの技術を教えるとともに，ポストプレーヤーへボールを入れるために重要なパス原理を理解させることである。ポストプレーヤーは，パッサーのディフェンスに妨げられずにパスをもらうだけでなく，自分の背後の状況や自分と味方プレーヤーとの間，すなわちパッシングレーンで何が起きているかをも見てとらなければならない。パスを受けた味方プレーヤーが有利な状態でプレーできるようにパスを送るべきなのである。

🏀 パッシングの7つの原則

　トライアングル・オフェンスでは，以下に示すパスに関する基本的な原則がしっかりとおこなわれていることが重要である。

1. パッサーとそのディフェンスとの間隔は狭いほうがよい。

　1m*16以内が望ましい。パッサーは，自分のボールハンドリングとパスに自信を持ち，落ちついていなければならない。パッサーがディフェンスの動きをよく見て落ちついてプレーすれば，ディフェンスにボー

---

*14. フロント[in front of the man]オフェンスプレーヤーの前に出てディフェンスのポジションをとること。　*15. オープンサイド[the open side]ディフェンスのいないサイド。　*16. 1m[more than three feet]3フィートは0.9m。これを1mとした。

ルを奪われることなど，まずないのである。また，ディフェンスとの距離が近ければ近いほど，ディフェンスはこちらの動作に対して早く反応することが難しくなる。これは最もないがしろにされがちな原則である。

2. **ボールハンドリングやパスにおいて不必要な動作はおこなわない。**

　　ゆっくりとした予備動作も避ける。パスの方向にも踏み出してはならない。すべてのパスをすばやい手首と指先の動きでおこなう。パスにともなう動作は最小限にとどめるようにする。

3. **パスラインとレシーバーを視野に入れるが，フェイクをする場合を除いて，パスする方向を"見て"はならない。**

　　視野に入っていないレシーバーにパスしてはならないのはもちろんであるが，パスを出すレシーバーに顔を向けてもならない。"視野に入れる"ことと"見る"ことには大きな違いがあるのである。目線を動かしながらレシーバーを視野におさめるようにする。

4. **フェイクは目的のあるときだけにおこなう。**

　　形だけのフェイクはしない。過剰にフェイクをするプレーヤーは，やたらボールばかり動かし，ディフェンスの手の動きを見ることができない。そうなると，パスレーンを視野に入れることもできず，落ち着きを失い，味方プレーヤーへの正確なパスができなくなる。マッチアップされているディフェンスの動きをしっかり見極め，ディフェンスの手にあたらないようにすばやくパスをおこなう。ディフェンスの頭の周辺は，よいパスゾーンになる。

5. **オープンサイドへのパスをねらう。**

　　これは，経験豊かなプレーヤーでさえも無視しがちな原則である。自分のディフェンスだけでなく，パスラインやレシーバーのディフェンスが視野に入っていないと，この原則が守れなくなる。ディフェンスがどのようにまもろうとしているのかを察知し，その逆をつくことである。レシーバーにもパスを成功させるための責任がある。レシーバーは，自分がよい標的になるような姿勢をとらなければならない。レシーバーは，ボールと自分のディフェンスとの位置関係によってポジションどりをしながら，ボールをキャッチするまではパスラインに自分のディフェンスが入ってこられないようにしなければならない。

6. **ボールを保持しすぎない。**

　　オープンになったプレーヤーへすばやくパスできることが最も重要で

ある。すぐれたプレーヤーは，味方プレーヤーからボールを受け取ってから3秒以内に，パス，ドライブ，フェイクなどのプレーをおこなうことができる。次のプレーに移るまでの時間が3秒より短ければ短いほど，そのプレーヤーは一流だといえる。ボールは絶えず移動していなければならない。ボールを移動させることによってディフェンスはボールを追うことになり，それによってパッシングレーンが空き，得点チャンスが生まれる。優れたチームのゲームを観戦すれば，このパスの原則の重要性を理解できるだろう。

7. パスを受けるときは常に次の状況を予想する。

　どこにパスを出したら一番よいかを事前に予測できるようなバスケットボール的な直観を養う。一流のプレーヤーは皆，この直観を備え持っている。NBAのチームが，組織プレーがほとんどなくても効果的なプレーをおこなうことができるのは，このためである。NBAのプレーヤーの質は非常に高いため，プレーをパターン化しなくても得点のチャンスをつくることができるのである。優れたプレーヤーとは，ボールを持っているいないにかかわらず，プレーすることができるプレーヤーのことである。そのようなプレーヤーは，ボールを持っていなくてもディフェンスを引きつけることができるので，ディフェンスはカバーに出ることができなくなってしまう。プレーヤーが優れていればいるほど，チームとしてのオフェンスパターンなしでも，得点チャンスをつくり出すことができるようになる。しかし，プレーヤーにそれだけの能力がない場合は，チームとしてのオフェンスパターンをつくり上げてディフェンスを引きつけなければならない。そのパターンをおこなうことによってあるプレーヤーのディフェンスが甘くなれば，そのプレーヤーは楽に得点できる状態になるのである。

　もし，これら7つのパッシング原則をしっかりと教えることができれば，オフェンスパターンの成功率は飛躍的に向上するだろう。パスを成功させる能力は，あらゆるオフェンスを成功させるために不可欠な要素なのである。

2 フォワードがガードから パスを受けるときの動きとフットワーク
FOOTWORK USED BY FORWARDS (FOR GUARD TO FORWARD PASS)

　ガードからフォワードへのパスは，オフェンスでもっともよく使われるパスの1つである。これはゲームにおいて非常に重要な位置を占める。練習シーズンの早い段階から練習課題として重点をおき，試合シーズンでもそれを継続することが大切である。この練習をしっかりとおこなっておけば，ディフェンスがどれだけガード―フォワード間のパスを防ごうとしても，問題が生じることはまずないであろう。この練習に費やす時間と労力は必ず報われるはずである。

　シーズン初期におこなうおもなドリルのひとつは，ガードからフォワードへのパス練習である。ガード―フォワード間のパスのタイミングがぴったり合うようにならなければならない。ガードは，フォワードがボールに対して**ミート**[*17]できるタイミングでパスを出さなければならず，フォワードもボールを運んできたガードが出すすばやいパスにミートできるようなポジションでステップを合わせなければならない。

🏀 ディフェンスが接近してまもってきたときの動き

　フォワードはバスケットに背を向けてパスにミートすることを基本とする。この基本に忠実なレシーブを心がけることで，ガード―フォワード間のパスを成功させようという集中力が生まれ，パスの確実性も高まる。

　もし，相手が接近してまもってきた場合，フォワードはディフェンスを後ろに下がらせるためにバスケットの方向へ動く。このとき，ディフェンスがすばやく後ろに下がらないようであれば，ガードとフォワードの**リバースカットプレー**のチャンスである（図4）。**リバースカット**[*18]してゴール方向に進むフォワードは，ゴール下までカッ

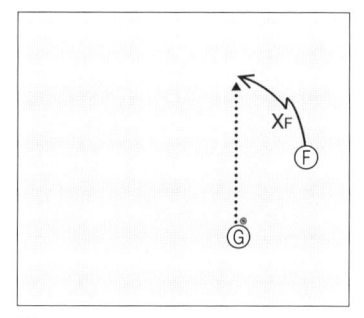

図4

トし続けることである。このとき，パスがもらえなかったら，逆サイドにクリアするか，ゴール下からステップバック[*19]し，ゴールに近い位置でポジションをとる。

🏀 フォワード・ポジションでパスを受けるときのフットワーク

ゴール方向へのステップにディフェンスが反応して後ろに下がったら，フォワードはアウトサイドにステップバックしてディフェンスから離れる。ガードの方向にジャンプステップ[*20]しながら，ディフェンスとボールとの間に体を入れるように1歩踏み出したポジションをとり，**ワンカウント・ストライドストップ**[*21]でパスを受ける（図5～6）。このポジションならボールをプロテクトできるし，前足（フロントフット）でも後ろ足（リアフット）でもピボットができる。

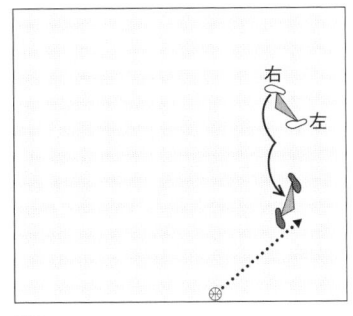

図5

図6

---

*17. ミート[meet the ball/meet：出迎える]ボールがくる方向へとび出してキャッチすること。
*18. リバースカット[reverse cut/reverse：逆,反対方向に向ける]逆方向に切り返すカットのこと。
*19. ステップバック[step back]もといた方向に戻ること。　*20. ジャンプステップ[jump step]ジャンプして飛び上がるステップのこと。　*21. ワンカウント・ストライドストップ[one count stride stop/stride：大またで歩く]大またで両足を同時に床につけて止まるストップのこと。両足ともピボットフットにすることができる。

🏀 パスを受けとったあとの基本動作

　フォワード・ポジションでパスを受けたあとの基本動作には，リバースピボット，フロントターン，リアターンの3つがある。

❶──リバースピボット

　図7はリバースピボットを示している。リバースピボットとはその名のとおり，前足をピボットフットにして，自分と自分のディフェンスとの間に後ろ足をピボットさせることによって，方向を逆転（**リバース**）させるステップである。

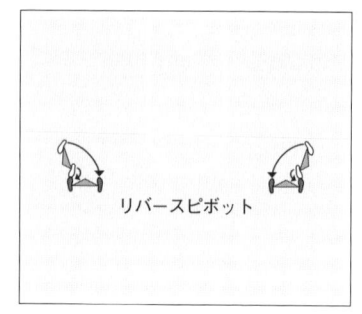

図7

❷──フロントターン

　図8は，ディフェンスに背を向けてパスを受けたあとのフロントターンを示している。フロントターンは，前足をピボットフットとして，体が向かっている方向におこなうターンのことである。

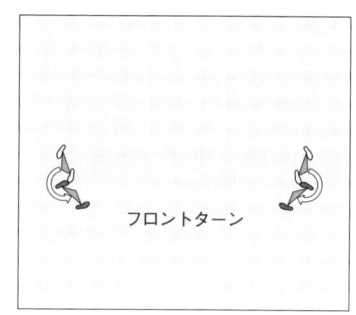

図8

❸──リアターン

　図9は，ディフェンスとバスケットに背を向けてパスを受けたあとのリアターンを示している。リアターンとはその名のとおり，後ろ足をピボットフットにし，体が向かっている方向とは反対の方向におこなうターンのことである。

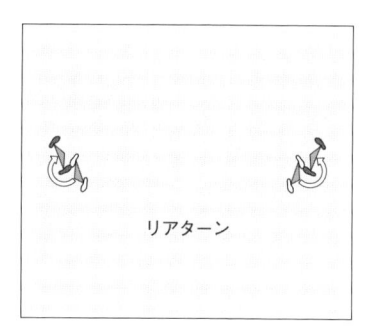

　これらのフットワークのドリルをおこなえば，ボディバランスやボディコントロールのとれたスムーズなピボットがおこなえるようになる。

図9

リバースピボット・トラップ

　図10は，リバースピボットを使ったトラップ[*22]を示している。①は，②へパスしたあと，②のアウトサイドをカットする。①からのパスを受けた②は，自分に対するディフェンス（X_2）がルーズであると判断すれば，すぐにリバースピボットをおこなう。②のリバースピボットによって，X_2はボールをまもるためにも，あるいはX_1を**スライドスルー**[*23]させるためにも，1歩下がらなければならない。②は，X_2との間の距離をつめることができ，また，ディフェンスがスライドスルーを用いてくる場合は，X_1を背中でスクリーンすることもできる。

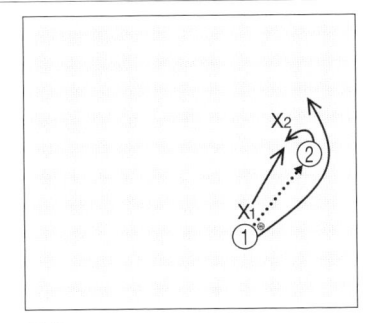

図10

---

*22. トラップ[trap：わな, 策略] 相手にミスプレーを誘発させようとする戦術のこと。　*23. スライドスルー[slide through] スクリーンプレーに対応するディフェンス戦術のひとつ。カッターのディフェンダーが，スクリーナーとスクリーナーのディフェンスの間を通ってスクリーンをすり抜けること。

ポストエリアでおこなわれるフットワーク

　図11～13は，ポストエリアでおこなわれるオフェンス・フットワークを示している。これらのフットワークがセンターのポジションにおいて実行されると，非常に効果的である。センターが，大きなステップ1つでバスケットに手が届くほどゴールに近いポジションをとれれば，ディフェンスに対して圧倒的な優位に立つことができる。ドリブルしなくとも，ジャンプするだけでゴール近くからシュートすることができるからである。

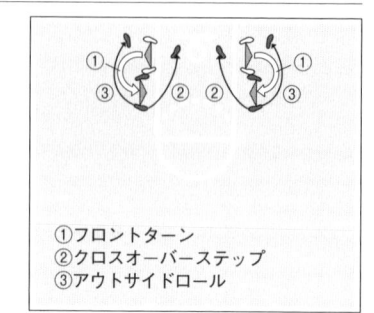

①フロントターン
②クロスオーバーステップ
③アウトサイドロール

図11

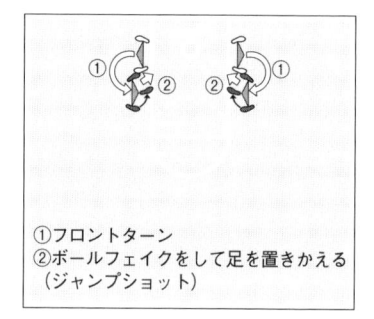

①フロントターン
②ボールフェイクをして足を置きかえる
　（ジャンプショット）

図12

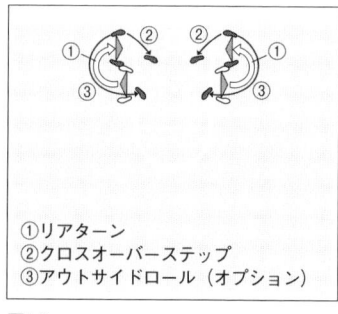

①リアターン
②クロスオーバーステップ
③アウトサイドロール（オプション）

図13

第2章
トライアングル・
オフェンス

2
―――
The
Triple-Post
Offense

A｜サイドライン・トライアングル・シリーズ
SIDELINE TRIANGLE SERIES OF OPTIONS

1. ストロングサイド[*24]・オフェンス

🏀 サイドライン・トライアングル　　　　　　　　A1-1

　図14のように[*25]、①は③にパスを出し、③のアウトサイドをまわりこんでバスケットの方向へカットする。①は、③からのリターンパスがもらえない場合、コーナーへ開く。①がコーナーに開いたとき、フォワード・ポジションにいる③とポストにいる⑤との間で、サイドラインを一辺とした三角形のフォーメーションが形成される。これをサイドライン・トライアングルと呼ぶ。

　サイドライン・トライアングルを形成するには、以下のような方法がある。
(1) ①が③のアウトサイド、またはインサイドをカットしてコーナーに移動する（図14）。
(2) ③にパスした①はその位置にとどまり、②または④がコーナーの位置にカットする（図15）。
(3) ③にパスした①はその位置にとどまり、⑤がポストの位置からコーナーにクリアし、④がセンターの位置に移動する（図16）。

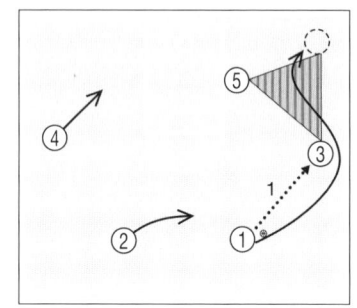

図14

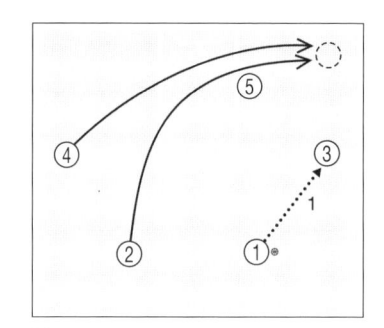

図15

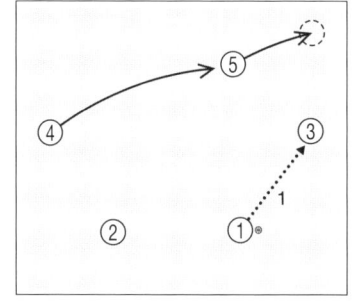

図16

❶——フォワードからのポストへのスプリット[*26]パス

　図17のように、③は⑤へパスを出したあと、インサイド側にステップフェイクをし、⑤のベースライン側に向か

ってカットする。このように、センターにパスしたプレーヤーはコーナーに位置するプレーヤーをフリーにするための最初のカッターになり、そのプレーヤーがいる方向にカットする。そのカッター③のカットの方法には2通りある。

　(1)スクリーンを意図しない、すばやいカット。セカンドカッター①は、ファーストカッター③のすぐ後ろを通るようにカットする。

　(2)セカンドカッターとなる①にスクリーンをかけようとしながらチェンジオブペースのカットをする。このようにすればディフェンスは、常に相手がどのようなカットをするのか、と考えることになる。

❷────コーナーからポストへのスプリットパス

　図18のように、コーナーに開いた①に③がパスを出した場合もトライアングルの形が残っている。①が⑤へのパスをねらうが、この場合、③から⑤へパスが通ったときのスプリットの動きとは順番が逆になる。⑤にパスを入れた①が最初のカッターとなり、セカンドカッター③をフリーにするために③の方向に向かいながら、⑤のハイポスト側をカットする。③は、タイミング

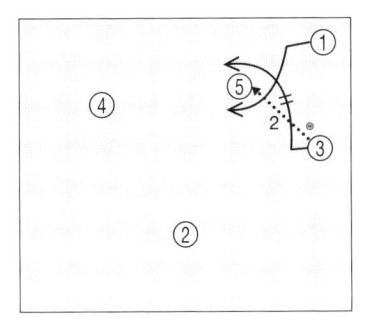

図17

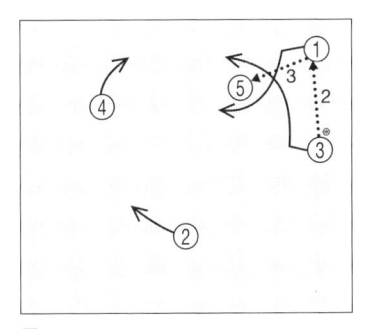

図18

*24. ストロングサイド[strong side] 両方のゴールを結んだミドルラインによってコートを縦に二分したときの、ボールがあるほうのサイドをいう。ボールサイドともいう。　*25. プレーヤーの番号は、①と②はガード、③と④はフォワード、⑤はセンターとする。　*26. スプリット[splitting/split:分割する] ポストプレーヤーを利用して、2人のプレーヤーが交差しながらカットする動きのこと。シザース(scissors)と同義。

をはかりながら①のすぐ後方をカットする。2人のカッターはポストプレーヤーに接触しない程度に接近してカットする。

❸──ドリブルウィーブ[*27]

図19のように，③は①に向かってドリブルウィーブの動きをおこなう。この動きは，③と①のディフェンスがセンターの方向にサギング[*28]してまもっている場合，特に効果的である。①がボールを持ち，③と①のディフェンスがパスを阻止しようとサギングしている場合は，①が③に向かってドリブルウィーブの動きをおこなう。

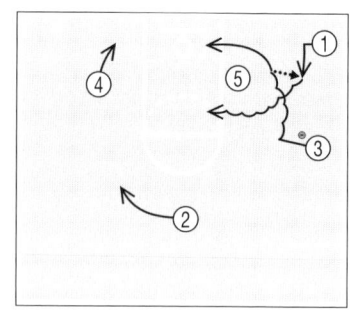

図19

2. ウィークサイド[*29]・オフェンス

🏀 ガードへのNo.2パス[*30]・プレー　　　　　A2-1

ディフェンスがポストプレーを防ぐためキーエリアの方向に下がると，バスケットに近いエリアは混雑する。このようなサギング・ディフェンスに対しては，以下のオプションを用いる。

❶──サークルのトップからのショット

図20のように，②のディフェンスがキーエリアに下がっていると判断した③は，サークルのトップに出てくる②

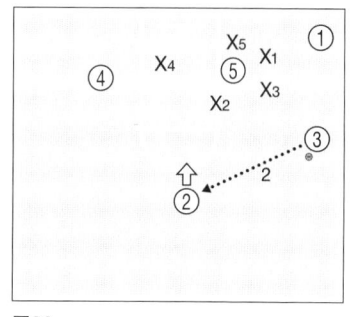

図20

---

*27. ウィーブ[a weave action/weave:編む] 2人のプレーヤーがすれ違うようにして交差する動きのこと。　*28. サギング[sagging/sag:垂れる，たわむ] 自分よりも低い位置にボールがあるとき，ディフェンスが自分のマークから離れ，ボールの方向に下がってヘルプポジションをとること。あるいは，自分よりも低い位置に注意すべきエリア（プレーヤー）があるとき，自分のマークから離れ，その方向に下がってヘルプポジションをとること。　*29. ウィークサイド[weak side] 両方のゴールを結んだミドルラインによってコートを縦に二分したときの，ボールがないほうのサイドをいう。　*30. No.2パス[No.2 pass] セカンドパスのこと。ガードからフォワードへのパスをファーストパス(No.1 pass)として，フォワードからガードにもどされるパスを指している。ここではウィークサイドへ展開する合図となる。

へすばやいパスを送る[*31]。この位置からのガードのショットが正確ならば，ディフェンスはガードから離れてまもることが難しくなる。

❷──ウィークサイド・フォワードのピンチポスト[*32]

もし，③からパスをもらった②がショットを打てないならば，図21〜22のように，ウィークサイドの④へパスを出す。ウィークサイドのフォワード・プレーヤー（ここでは④）は，フォワードのスターティング・ポジション[*33]とバスケットとの中間地点付近（ややバスケット寄り）がプレーエリアとなる。④はそこからピンチポストの位置へカットし，ディフェンスを振り切って②からのパス（No.3パス）を受ける。④へパスを出した②は，④のアウトサイドを通り，バスケットに向かってすばやくカッティングする。④は自分でシュートしてもよいし，②へリターンパスをしてもよい。パスをもらった②は，④のスクリーンを利用してショットをしてもよいし，よりバスケットの近くでのショットをするためにドライブをしてもよい。①は，ディフェンスのバランスを考えて，本来のガードの位置へ戻る。

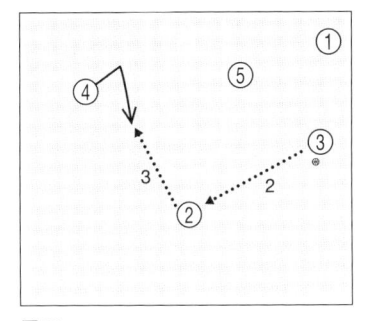

図21

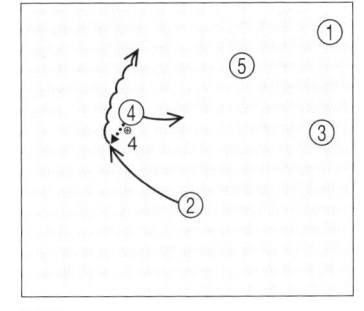

図22

---

*31. 速いパスを送る[a quick pass back to 2] フォワード3からガード2へのすばやいパス・プレーを，"ワンツーパス・プレー（one-two pass play）"と呼ぶ（原書注より）。　*32. ピンチポスト[pinch post/pinch:はさむ,ふさぐ] フリースローレーンのエルボー（スリースローラインの両端部分にあたるフリースローレーンの角）の外側のエリアのこと。　*33. フォワードのスターティング・ポジション[the original forward starting position] フリースローラインの延長線上よりややセンターライン寄りの位置。P.5参照。

❸——ドリブルウィーブからシザース*34

　図23のように，②がピンチポストの④にパスができない場合，②は，反対方向へドリブルを始める。③は，②にパスした直後，バスケットのほうへ移動する。①は，ベースライン側へステップフェイクをし，③とシザースの動きをおこなう。①は，もとのガードのポジションへ戻る途中，自分に向かってドリブルをしてくる②を確認し，ボールを受ける準備をする。②からパスを受けた①は，スクリーンを利用しショットするか，またはドライブする機会をうかがう。

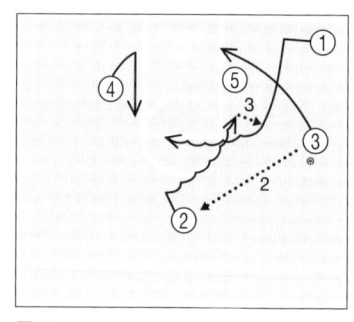

図23

🏀 フォワードへのNo.2パス・プレー　　　　A2-2

　図24のように，③から②へのパスに対してX_2がサークルのトップ付近でプレッシャーをかけ，パスを通さないようにタイトなまもりをしている場合，X_2の背後にオープンスペースができる。ウィークサイドの④はそこへすかさずカットする。③は②へのパスフェイクをして，移動してきた④にすばやくパスを出す。

図24

❶——バックドア*35

　図25のように，④にパスがわたった瞬間，②はバスケットへ向かってすばやくバックドアの動きをおこなう。④は，②がフリーであればパスを出す。また，④は，自分でショットをおこなってもよいし，コーナーから上がってきた①へパスを出してもよい。②は，

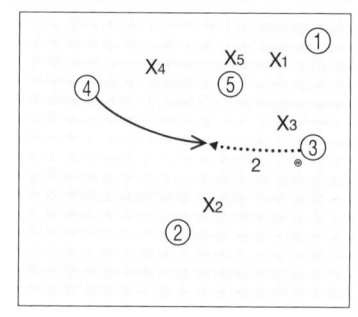

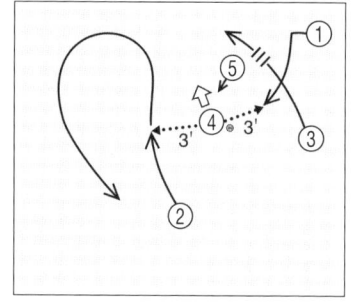

図25

フリーにならなかった場合，バランスをとるためにもとのガードポジションへ戻る。

❷──オーバーザトップパス*36

図26のように，③が，④へも②へもパスができなかったとしても，④がウィークサイドからポスト・ポジションに移動してきているので，⑤はその動きに合わせて逆サイドのバスケット下に移動し，③からのオーバーザトップパスをもらおうとする。このパスは，ポスト・ポジションでX_5が⑤にフロントしていたときに可能となる。このとき，④はポスト・ポジションへ移動することによって，ウィークサイドのバスケット下のエリアをクリアしておかなければならない。

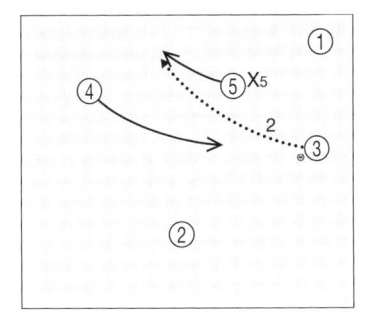

図26

❸──ポストのポジションチェンジ

図27のように，③が⑤へのオーバーザトップパスを出せなかった場合，④は⑤がいたポジションに移動し，ポストが入れ替わることになる。

ここからは，これまで説明したオプション（図14～26）への展開が可能となる。

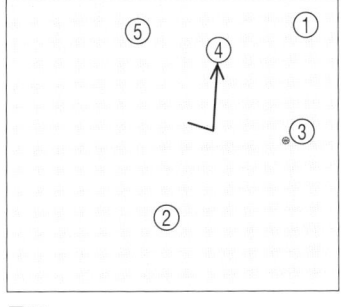

図27

---

*34. シザース[scissors：はさみ］ボールを保持したインサイドのプレーヤーを利用して，2人のカッターが時間差的に交差するように（はさみの形）カットするプレーのこと。　*35. バックドア[back door：ドアを手前に引く］ディフェンスがオーバープレー（ディナイ）してまもってきたときに，ディフェンスの背後をカットする動きのこと。　*36. オーバーザトップパス[over-the-top pass/over-the-top：思い切ったこと］ディフェンスの背後をねらった山なりの思い切ったパスのこと。

B ガード・ドリブル・シリーズ
GUARD DRIBBLE SERIES OF OPTIONS

1. ストロングサイド・オフェンス

🏀 アウトサイドでの展開　　　　　　　　B1-1

　図28のように，①は，③へパスを出したあと，③のアウトサイドに向かい，③からのリターンパスを予測しておく。③は，①が近づいてきたらパスを出す。このパスは，ガードドリブル・シリーズの合図となる。⑤は，これをきっかけにハイポストへ移動する。

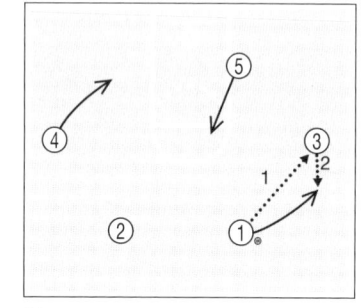

図28

❶──フォワードのアウトサイドスクリーンとギブアンドゴー

　図29のように，③はパスを出したあと，①に対するアウトサイドスクリーン*37の位置を維持する。①は，リターンパスを受けたあと，③のアウトサイドスクリーンを利用してショットの体勢に入る。③はロール*38し，①からのリターンパスに対応するためにバスケットの方向へカットする。（図74～76参照）

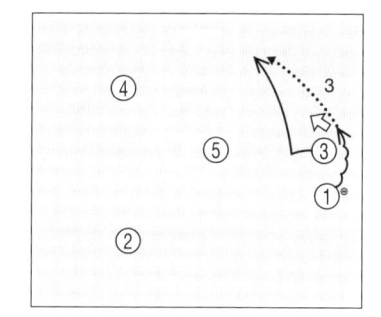

図29

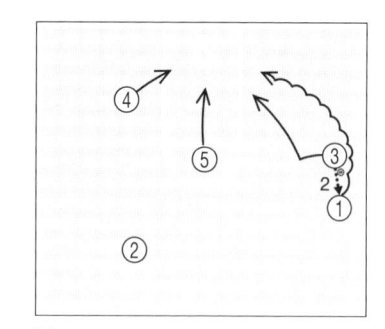

❷──ガードのドライブ

　図30のように，①は③のアウトサイドスクリーンを利用してバスケットへ向かってドライブする。しかしこのとき，強引なドライブをしてはならない。①が無理なくショットが打てるなら，③，④，⑤は，リバウンドトライアングルをつくる。①は，ロングリバウンドをねらう。

図30

🏀 コーナーからの展開　　　　　　B1-2

❶──フォワードのバスケットカット

　図31のように，①は，バスケット方向にドライブできなければ，コーナーに向かってドリブルし，ワンカウント・ストライドストップからターンして，③へのパスをねらう。③は，①のターンに合わせてカッティングする。③がよいポジションをとっているなら，①は③へパスを出す。③，④，⑤は，リバウンドに入る。①は，ロングリバウンドをねらう。②は，ディフェンスのバランスをとる。

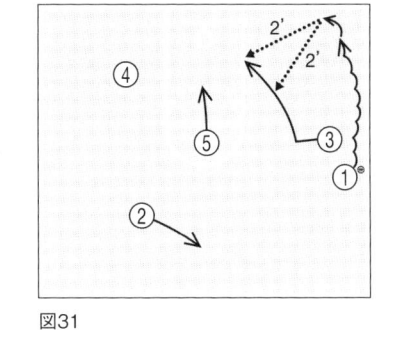

図31

❷──センターイン

　図32のように，カットした③にパスが入らなかった場合，③はそのまま逆サイドに移動する。ハイポストへ移動していた⑤は，バスケット方向に動いたあとパスを受けるために①に向かって踏み出す。このとき①は，⑤へのパスを遅らせてはならない。⑤は，フリーならショットをおこなう。

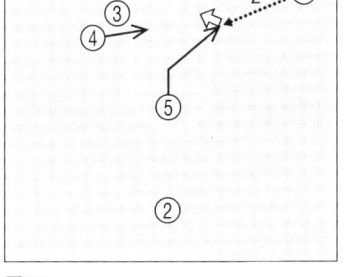

図32

❸──ソロカット*39

　図33のように，⑤がフリーにならない場合，①のカットを待つ。①は，⑤に向かってカットしたあと，フリーにならなければ，そのままリバウンドポジションへ行く。①のカッティングのあと，⑤は，どちらかのサイドでフックショットをねらう。

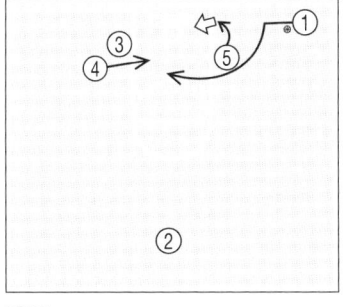

図33

＊37．アウトサイドスクリーン[outside screen]スクリーンユーザーのディフェンスのアウトサイドにセットされたスクリーンのこと。　＊38．ロール[roll:転がる,巻く]相手を背中で巻き込むようにターン(バックターン)をすること。　＊39．ソロカット[solo cut /solo:単独の]1人単独でおこなうカットのこと。

ポストのポジションチェンジ　　　　　B1-2

❶――センターのアウトサイドショット

図34のように，ポストでボールをもらおうとした⑤に①がパスを入れられない場合，⑤はアウトサイドへ移動してパスをもらい，ショットをねらう。④はポストの位置へ移動する。

❷――トライアングルスプリット

図35のように，パスを受けた⑤がシュートできない場合は，ポストの位置へ移動してくる④へのパスをねらう。パスを受けた④はショットをねらう。ショットができなければ，⑤と①が，④をポストプレーヤーとしたトライアングルスプリットの動きをおこなう。

❸――ボタンフック*40

図36のように，⑤が④へパスできないときは，①か②のどちらかへのパスをねらう。①へパスした場合は，⑤は，④のスクリーンを利用したボタンフックの動きをおこない，ゴール下でパスをもらう。このボタンフックの動きは，⑤から①へのパスが合図となる。①が⑤へパスできないときは，④がアウトサイドに出てパスをもらう。⑤はそのままポストに入ってもよいし，逆サイドへ動いて③とのポジションチェンジをおこなってもよい。

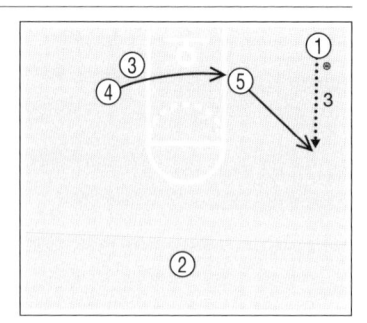

図34

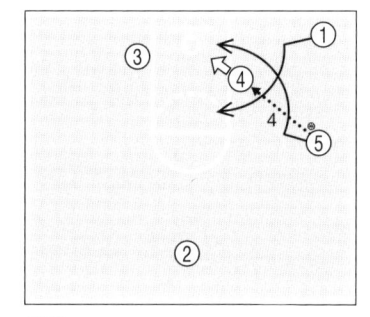

図35

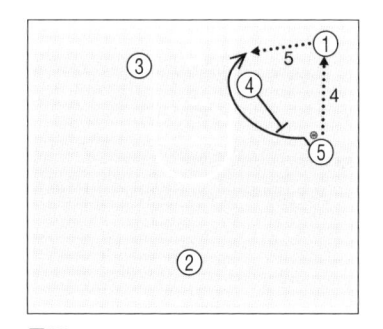

図36

---

*40. ボタンフック[button hook：ボタンフック] ボタンフックの軌跡をとるカットのこと。一度遠ざかるような動きをした後，緩やかに切り返して戻ってくる動きのこと。

2. ウィークサイド・オフェンス

🏀 ガードへのNo.2パス・プレー   B2-1

⑤から②へのNo.2パスは，以下のオプションプレーの合図となる。

❶──センターのラブオフ*41

図37のように，②は，ピンチポストの位置へ移動してきた③へパスをする。⑤はしっかりフェイクをかけ，自分のディフェンスを④にぶつけるラブオフの動きをおこなう。②からパスを受けた③は，カットしてくる⑤へのパスをねらう。この動きによって，センターはポストの位置へ戻ることになる。①はガードの位置へ戻る。

図37

❷──フロントスクリーン*42

図38のように，②からパスを受けた③が⑤へパスができない場合は，②は④のディフェンスにフロントスクリーンをセットする。③は，②のフロントスクリーンを利用してフリーになる④へのパスをねらう。

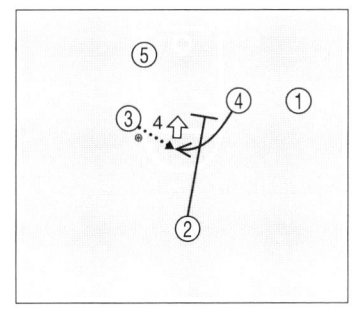

図38

❸──ドリブルウィーブ

図39のように，②が③へパスができない場合，②は，③へのパスフェイクをして逆の方向へドリブルを始める（図23のドリブルウィーブ参照）。

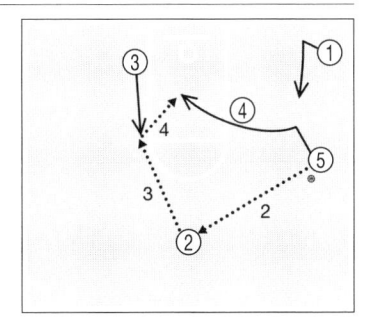

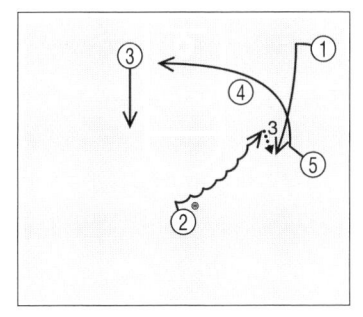

図39

---

*41. ラブオフ［rub off/rub：こすりつける］自分をマークしているディフェンスを引っかけるために，味方プレーヤーとぎりぎりにすれ違うようにカットする動きのこと。　*42. フロント・スクリーン［front screen］スクリーンユーザーのディフェンスの正面にセットされたスクリーンのこと。

逆サイドのフォワードへのNo.2パス・プレー　　B2-2

❶――バックドア

　図40のように，⑤が②へNo.2パスを通すことができない場合，③は，ウィークサイドのフォワードの位置から，バックドアをつくる目的でボールサイドのハイポストの位置へ移動する。③がオープンになっている場合，⑤は③へパスを出し，②は，⑤から③へのパスの瞬間にバスケットの方向へカットする。このバックドアは，ディフェンスがこのような形になった場合のあらゆるオプションで用いる。その意味でオートマティック[*43]と名づけている。

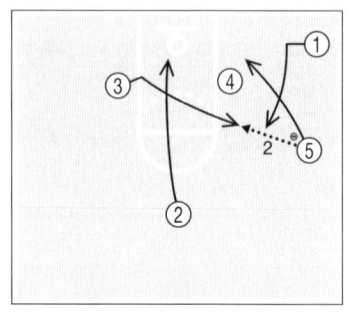

図40

❷――ポストのポジションチェンジとオーバーザトップパス

　図41のように，③がオープンにならず，⑤から③へのパスが通らない場合，③はポストの位置へ移動し，その動きに合わせて④は，ウィークサイドのバスケット下へ移動する。④がポスト・ポジションでディフェンスにフロントされていたのであれば，⑤は，④の動きに合わせてバスケット下へのオーバーザトップパスをねらうことができる。この場合，ウィークサイドは，③がポストへ動くことによってクリアされているはずである。

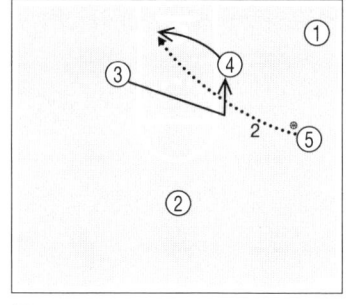

図41

*43. オートマティック[automatic] ある特定の状況になった場合に，自動的におこなうプレーという意味。

❸——ファイナル・ポジション

⑤がオーバーザトップパスを出せなかったとすると図42のようになる。最初にポスト・ポジションを占めていたのは⑤であるが、プレー展開するにつれて⑤から④に変わり、こんどは③がポスト・ポジションを占めている。必要であれば、このようなポストプレーヤーのポジションチェンジを何度も続けることができる。トライアングル・オフェンスの由来となる"トリプルポスト・オフェンス"という名称は、このようなポストプレーヤーの左右方向のポジションチェンジの動きから名づけられたものである。

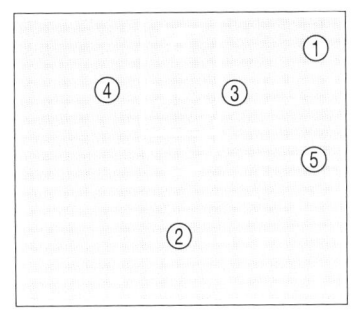

図42

C ガード・インサイドスクリーン・シリーズ
GUARD INSIDE SCREEN SERIES

1. ストロングサイド・オフェンス

🏀 ガード・インサイドスクリーン*44

C1-1

❶──ペネトレート

図43のように,①は③へバウンドパスを出す。このバウンドパスは,インサイドスクリーン・シリーズの始まりの合図となる。①は,③にインサイドスクリーンをセットする。⑤はフリースロー・エリアに沿ってポジションを移動する。③は,フリースロー・エリアへペネトレートし,ジャンプショットをするか,または,そのままバスケットへドライブする。

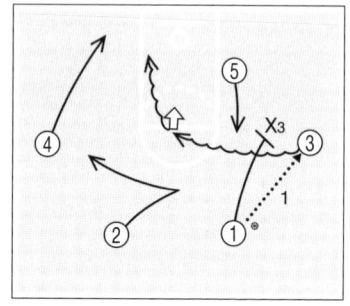

図43

❷──カットアウェイ*45

図44のように,③がドリブルで通過するのに合わせて,⑤は,バスケット方向へカットアウェイの動きをおこなう。X_5が,③のショットやドライブのカバーに出れば,⑤がバスケット下でオープンになり,③からのすばやいパスが通る。

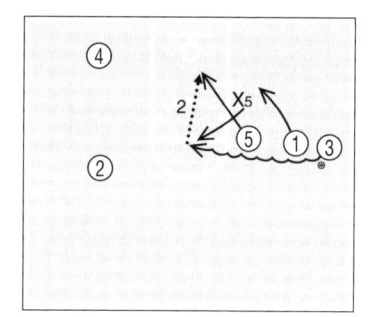

図44

❸──ワンオンワン

図45に示すプレーのねらいは,③を1対1の状況にすることである。しかし,②と④のディフェンスがサギングすることによって,③がうまく攻めることができない場合は,②と④は図のように動き,③からパスを受けて中距離のジャンプショットを打つ。

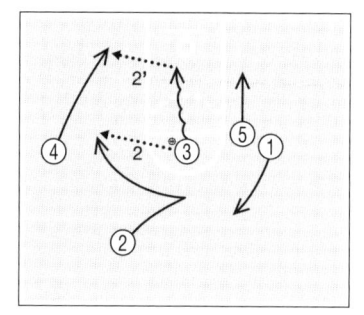

図45

ガード・インサイドカット　　　　　　　　　　　　　　　　　C1-2

このオプションは，インサイドスクリーン・シリーズを始める直前，あるいは始めた直後におこなう。ディフェンスがスクリーンに対してスイッチ*46をしてきた場合に用いる。

❶──インサイドカット

図46のように，③のディフェンスにスクリーンをセットするために近づいた①は，ペースと方向を変化させ，③のディフェンスのインサイドをカットし，バスケットへ向かう。③は，①が空いた瞬間にパスを出す。

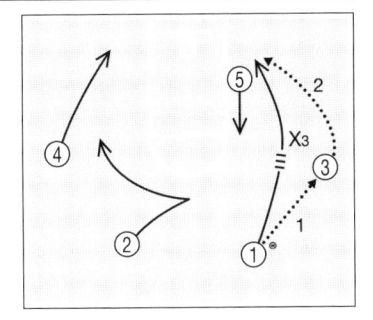

図46

❷──ハンドオフ*47

図47のように，③のディフェンスがサギングしてまもっているなら，①は，X_3と③の間をすり抜け，③からハンドオフパスを受け，ドライブする。この動きでは，バスケットへのカッティング角度とパスコースを自分からつくり出すことができる。

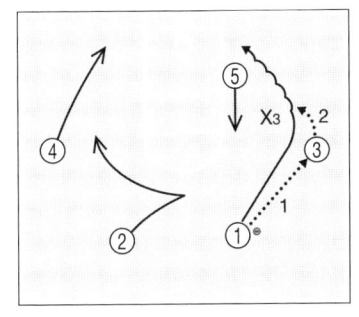

図47

❸──ペネトレート

①に対してパスを出さない場合，図48のように，③自身がドリブルでフリースロー方向へのペネトレートを試みる。このペネトレートはオートマティックの合図となり，ガード・インサイドスクリーンの項（前頁）で説明して

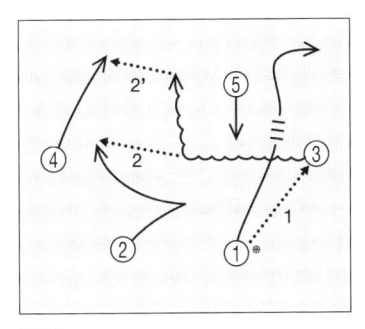

図48

---

*44. インサイドスクリーン[inside screen] スクリーンユーザーのディフェンスのインサイドにセットされたスクリーンのこと。　*45. カットアウェイ[cut away] スクリナーがスクリーンをセットしたあと，バスケット方向へカットする動きのこと。　*46. スイッチ[switching on the screen] スクリーンプレーに対応するディフェンス戦術のひとつ。スクリナーとカッターのディフェンスが，それぞれマークする相手を換えること。　*47. ハンドオフ[hand off] 手渡しパスのこと。

いるカットアウェイ，ワンオンワンのオプションに自動的に展開する。

❹──ボタンフック

③からリターンパスをもらった①が，バスケットに向かってドライブができないときは，図49のように，コーナーに向かってドリブルで進む。そこでは，⑤のスクリーンをまわりこんでバスケット方向へボタンフックしてくる③へのパスをねらう。

❺──ポストのポジションチェンジ

③がバスケット下で①からのパスをもらえない場合，図50のように，③はそのまま逆サイドに移動し，逆サイドの④がポスト・ポジションに移動する。⑤は，①からのパスを受けるために，アウトサイドに出る。その結果，オフェンスの配置は図51のようになる。

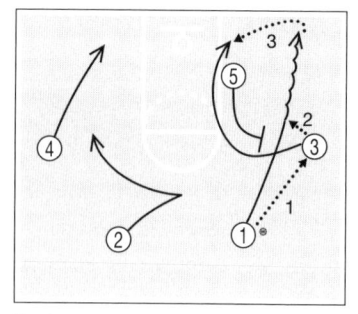

図49

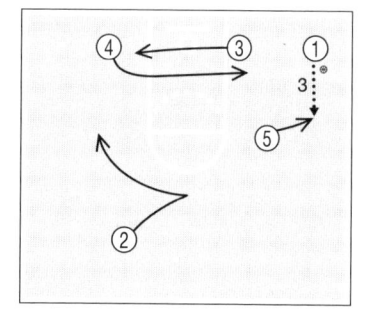

図50

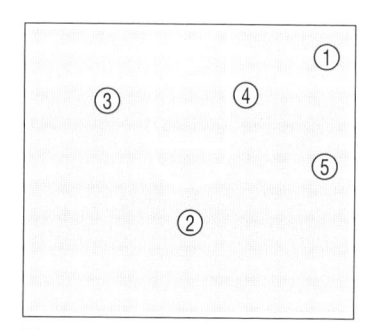

図51

D ソロカット・シリーズ
SOLO CUT SERIES

1. ストロングサイド・オフェンス

🏀 フォワードのソロカット　　　　　　　　D1-1

　図52のように，①は，③にパスをしたあと，対角のコーナー方向へクリアする。この動きは，ソロカット・シリーズの合図となる。③にパスをした①が対角のコーナー方向へクリアすると，③と⑤がいるサイドのスペースが広くなる。図53のように，③は，⑤にパスをし，ラブオフの動きを試みる。⑤は，もし③がノーマークならばパスを出す。また①は，対角のコーナー方向へクリアしたあと，リバウンドにはいるため，もしくは⑤からパスをもらうために，キーエリアに入る。④もリバウンドに入る。

　③のソロカットによってスペースがつくり出され，⑤はポストからのフックショットやジャンプショットなどの機会を得ることになり，①，③，④も図54のようなリバウンドポジションをとることができる。

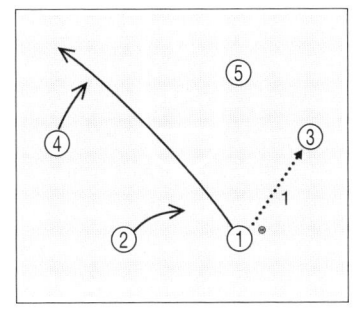

図52

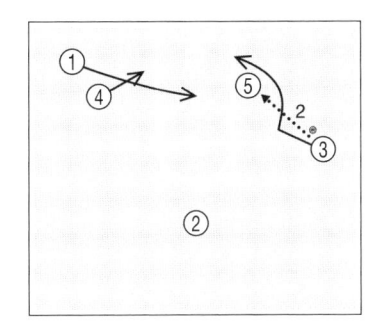

図53

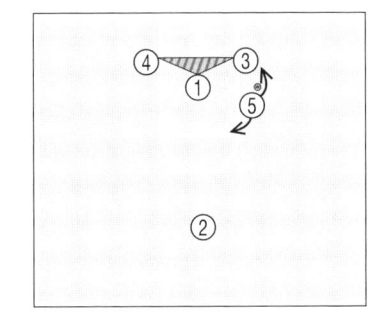

図54

2. ウィークサイド・オフェンス

🏀 センターのためのNo.2パス・プレー　　　　　D2-1

①は，③にパスしたあと，対角のコーナー方向へクリアする。③から②へのNo.2パスは,以下に述べるオプションの合図となる(図55)。

❶――センターのダブルスクリーン[*48]**を利用したカット**

図56のように，③から②へのパスと同時に，①と④は，ダブルスクリーンを形成するポジションへ移動する。⑤は，できるだけ早くダブルスクリーンを利用してまわり込む。②は，⑤がフリーであればパスをし，⑤はショットをねらう。③はパスをしたあと，少なくともバスケットとの中間あたりに移動しておく。

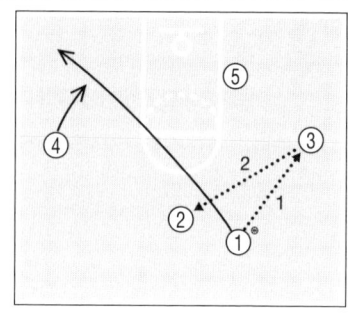

図55

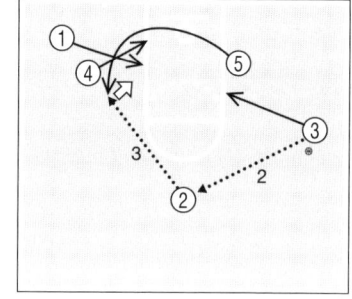

図56

❷――センターのカットオフ[*49]

図57のように，⑤が逆サイドでフリーにならなければ，②は，⑤へパスを出すフェイクをしてから，ピンチポストに入ってきた③へのパスをする。このシリーズにおいて②は，この位置のままプレーをおこなう。③は，ダブルスクリーンを利用してカットオフの動きでバスケットへカットしてくる⑤へのパスをねらう。

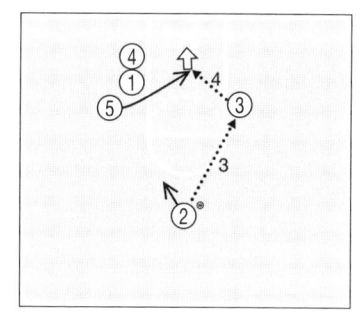

図57

---

*48. ダブルスクリーン[double screen] 2人のスクリーナーが並んでセットするスクリーンのこと。
*49. カットオフ[cut off] スクリーンを利用してカットする動きのこと。　*50. トリプルスクリーン[triple screen] 3人のスクリーナーでセットするスクリーンのこと。　*51. リアスクリーン[rear screen] スクリーンユーザーのディフェンスの背後にセットされたスクリーンのこと。

❸──フォワードのフロントスクリーンを利用したカット

　図58のように，③がバスケットへカットしてくる⑤へパスできない場合，①のセットしたフロントスクリーンを利用して上がってくる④へのパスを試みる。①，③，⑤は，リバウンドトライアングルを形成し，②はディフェンスに備える。

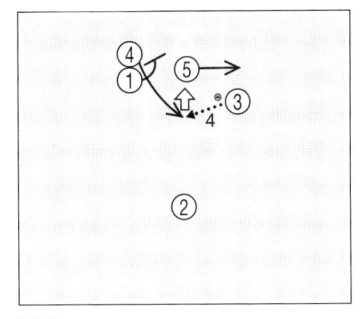

図58

❹──フォワードへのトリプルスクリーン*50を利用したカット

　図59のように，③から②へのNo.2パスのあと，⑤は③へのスクリーンをセットする。③は，⑤のリアスクリーン*51，そして①，④のダブルスクリーンを利用して，逆サイドへカットする。②は，スクリーンを利用して逆サイドにまわり込んできた③へのパスをねらう。③がそこでフリーにならない場合は，③にはカットオフ（図57），④には①のフロントスクリーン（図58）を利用するオプションがある。

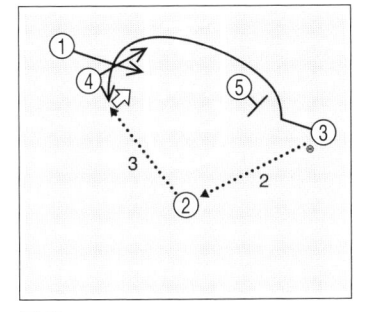

図59

❺──センターのリバースカット

　①と④のダブルスクリーンを利用しようと動き始めた⑤（図56）が方向を変え，図60のように③のスクリーンを利用してもどってくるオプションもある。②は，⑤へのパスをねらう。⑤へのパスができない場合，②は，①のセットしたフロントスクリーンを利用して上がってくる④へのパスを試みる。③，⑤，①はリバウンドポジションに移動する。

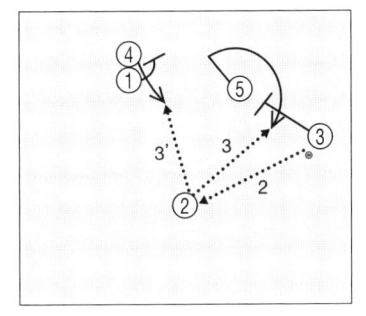

図60

第2章──トライアングルオフェンス

33

ガードのスクイーズ*52

D2-2

　図61のような，③がガードの位置へドリブルで戻る動きは，ガード・スクイーズの合図となる。

　図62のように，ガードの位置へドリブルで戻った③はハイポスト・エリアに上がってきた⑤へパスをする。③はそこから，自分の動きが②のディフェンスに対するスクリーンになるようにチェンジオブペースをうまく使いながら，ミドルレーンをカットする。②は，③の外側をすれちがうように，続けて⑤をまわり込むようにカットする。②が近づいた瞬間，⑤は，②にパスをする。

　図63のように，⑤が②もしくは③へパスできない場合，⑤は，シュートしてもよいし，④のスクリーンを利用してカットオフしてくる①の方向にドリブルし，パスしてもよい。②，③，④はリバウンドに入る。

　この章では，AからDまでの4つの大きなまとまり（シリーズ）からなり，それぞれストロングサイドおよびウィークサイドへ展開する計8つのセットオフェンスのパターンを紹介した。ゲームにおいては，これらすべてを用いることはなく，使うとしても3つが限界であると考えている。

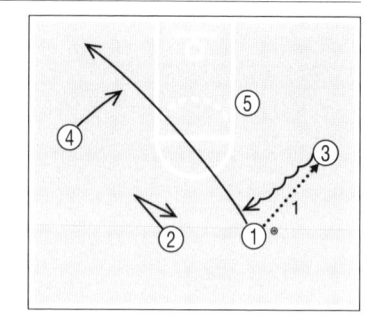

図61

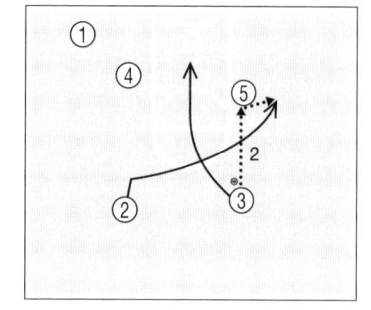

図62

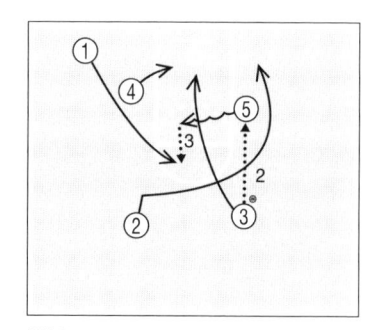

図63

---

*52. スクイーズ[squeeze:押し込む]込み入ったエリアにカットして入り込むこと。

第3章
セットオフェンスの
組み立てドリル

3

Drills Used in Building The Set Offense

1 ガードからフォワードへ展開するドリル
GUARD TO FORWARD DRILLS

　ゲームにおいて，ガードからフォワードへのパスの局面がいかに大切であるかは，第1章で説明しているとおりである。その部分をもう一度読み直し，フォワードがどのようにディフェンスをふり切ってパスをもらい，どのようなフットワークでボールを受けるべきかを確認してほしい。シーズンの早い時期からこのドリルをおこない，この局面の重要性について特に強調して指導する必要がある。

🏀 基本的フットワーク

　このドリル（図64～65）は，ガード―フォワード間のパスのタイミング，およびボールをレシーブしたあとのフォワードのフットワークを習得するためのものである。

　ガード①がパスを出すタイミングは，フォワード②が自分のディフェンスを押しこみ，ボールを受け取るためにアウトサイドに飛び出してフリーになったときである。プレーヤーがフットワークをマスターするまではディフェンスをつけず，ディフェンスをイメージしておこなう。個々のフットワークができるようになったら，ディフェンスをつけておこなう。

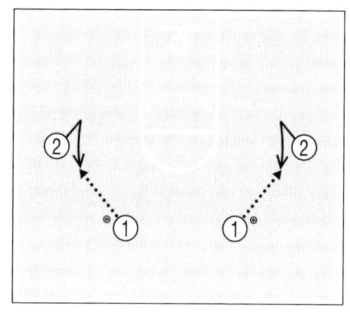

図64

　パスを受けた②がおこなう基本的なフットワークは，すなわち，フロントターン，リアターン，リバースピボットである。

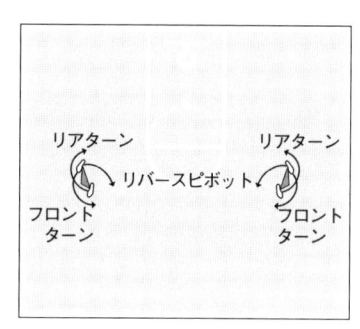

図65

　基本的なフットワークをおこなったあと，プレーヤーは，**基本姿勢**[*53]をすばやくつくるようにする。そしてボ

ールをアゴの下に引きつけ，いつでもシュートできる構えをとる。パスを受け，ピボットをおこない，シュートできるバランスのよい姿勢をつくり，バスケットを見る…，これが基本的フットワークを上達させる第一段階である。

フォワード・ポジションからの攻め

図66のように，ガード①はフォワード②へパスをする。②はフェイクをしてそのポジションからドライブする。トラベリングをしないように，正確なフットワークを心がける。

①は③のポジションへ移動し，②は自分自身のショットをリバウンドして，①の後ろに並んでいる④へ正確なパスを出す。③はフォワード・ポジションへ，②は逆サイドのガードのポジションへ移動する。最初にガードの位置に並んだプレーヤーがいなくなるまでこの方法でローテーションを続ける。ガード・ポジションの最後尾にいる⑤は，④へパスをしたあと，逆サイドのフォワード・ポジションへ移動する。

このドリルでは，次のような戦術的動作（かけひき）を習得する。

❶――フェイクショット

基本姿勢を保ちながら，リングを見てシュートすると見せかけ，いずれかの方向（ベースラインまたはインサイド）へドライブ。

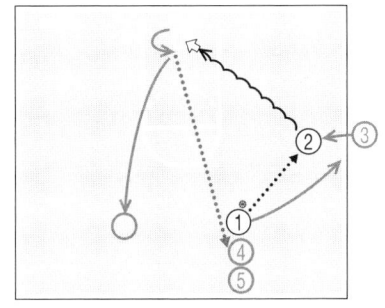

図66

＊53. 基本姿勢[the fundamental working position] 両足の拇指球にバランスよく体重をかけた状態。P.110参照。

❷──ステップフェイクから逆サイドへのドライブ

　ベースラインへのフェイクからインサイドへのドライブ，またはインサイドへのフェイクからベースラインへのドライブ。

❸──ディレイド・ステップフェイク*54から同じサイドへのドライブ

　ベースラインへのステップフェイクからベースラインへのドライブ，またはインサイドへのステップフェイクからインサイドへのドライブ。

❹──ロッカーフェイク*55

　上体を上方向に浮かせるようにしてフェイクをし，すばやく基本姿勢に戻ってドライブする。

❺──ステップフェイクのコンビネーション

　ステップフェイクをうまく組み合わせてドライブする。

🏀 フォワードのアウトサイドをカットする攻め ── ガードのアウトサイド・ドリル①

❶──レイアップショット

　図67のように，ガード①は，フォワード②がオープンになった瞬間にパスを出す。パスをした①は②のアウトサイドへ向かってすばやくカットし，②の後方でリターンパスを受ける。パスを受けた①は，スピード・ドリブル，またはチェンジオブペース・ドリブルでバスケットへドライブし，レイアップする。②は，リバースピボットをして，①がショットに行くのを確認するまで，その場所に留まる。②はリバウンドボールをとって④へパスを出し，逆サイドのガード・ポジションへ向かう。①は③のポジションへ行き，③は次のフォワードとなる。

❷──ジャンプショット

　図68のように，①はワンカウント・ストライドストップでボールを受ける。フェイク，ターンをおこない，ジャン

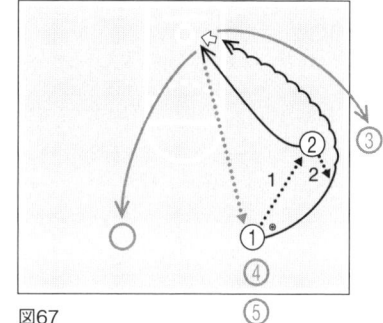

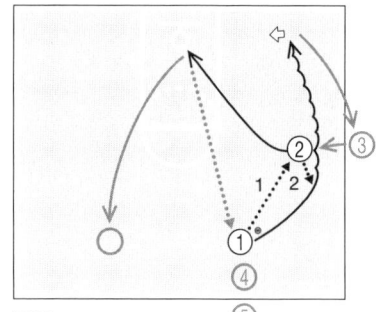

図67

図68

プショットへとつなげる。シュートした①とパスした②は、両方ともリバウンドへ行く。①がジャンプショットをする以外、図67とまったく同じである。

❸──ワンカウント・ストライドストップからリバースピボットとパス

図69のように、②からボールをもらった①はコーナーへドリブルで移動し、ワンカウント・ストライドストップで止まり、リバースピボット、もしくは、リアターンをおこなう。図70のように、①がピボットを始めた瞬間、②は、①からのリターンパスを予測しながらバスケットのほうへすばやいカットを起こす。②はレイアップのあとリバウンドにはいり、逆のガード・ポジションへ移動する。①もリバウンドへ行き、③のポジションへ移動する。③は次のフォワードになる。

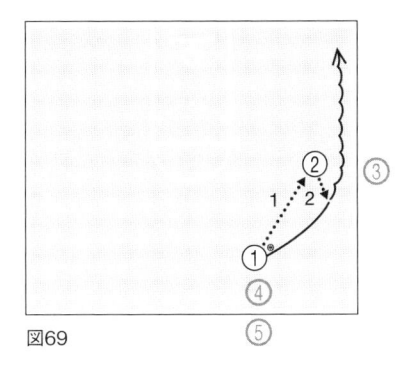

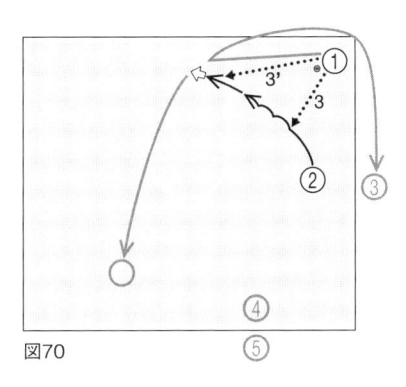

図69

図70

🏀 フォワードのリアスクリーンを利用した攻め──ガードのアウトサイド・ドリル②

❶──ガードのドライブ

図71のように、ガード①は、ドリブルでセンターラインを横切ってボールをもち込む。フォワード②は、リアスクリーンをかけるためにX_1から約1mの位置へ移動する。①は、X_1をスクリーンに引っかけるように動き、バスケットへドライブしてレイアップにもち込む。ディフェンスをうまくスク

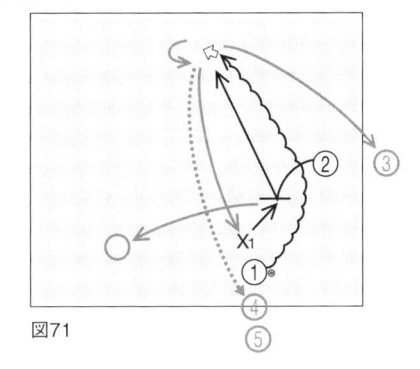

図71

---

*54. ディレイド・ステップフェイク[delayed fake/delayed：遅らせた] 相手の反応を見ながらおこなうステップフェイクのこと。　*55. ロッカーフェイク[rocker fake/rocker：揺れるもの] ショットのモーションなどを模して、上体を起こす動きによっておこなうフェイクのこと。

リーンに引っかけることがポイントである。X_1はダミーでおこなうが，ディフェンスに重点がおかれるときには，厳しくディフェンスをおこなう。

❷──フォワードのロール

図72のように，ガード①は，ディフェンスを警戒しながらドリブルで②へ近づき，リバースピボットをおこなっているフォワード②へのパスチャンスを探る。②は，ディフェンスとボールを見てタイミングをはかりながらロールし，左手をターゲットハンド（的）として高く上げながら，ボールから目を離さないでバスケットのほうへ進む。①は，②のターゲットハンドに向けてパスをし，そのあとパスを追いかける。

②はレイアップショットをしたあと，X_1がいたポジションへ向かう。①はリバウンドをとって④へパスをし，③のポジションへ移動する。③はフォワード・ポジションへ，X_1は逆サイドのガード・ポジションへ移動する。

図72

❸──ジャンプショット

図73のように，ガード①は，X_1をフォワード②のバックスクリーンに導き，ディフェンスがスクリーンにかかってオープンになったら，ドライブからのレイアップ，またはジャンプショットを打つ（図ではジャンプショット）。ローテーションは，ドリル①，②と同じである*56。

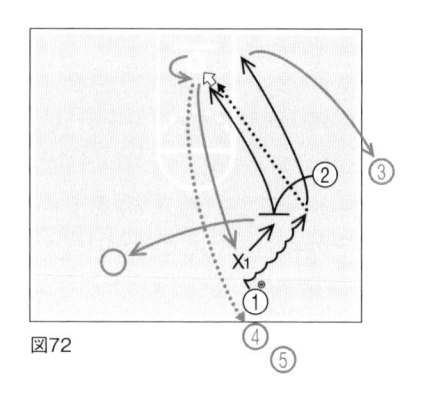

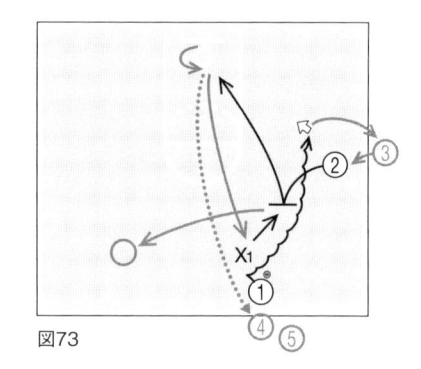

図73

フォワードによるアウトサイドスクリーンを利用した攻め——ガードのアウトサイド・ドリル③

❶——セットショット

図74のように，ガード①は，フォワード②へパスしたあと②のアウトサイドへ向かってカットする。②は，①が近づいてきたらリターンパスをする。②がアウトサイドスクリーンをセットしたとき，①は，そのスクリーンの後ろでストップする。①は，ディフェンスの動きでプレーを選択する。もし，①のディフェンスが先まわりして②のスクリーンの後方にいるときは，①はセットショットをおこなう。①，②ともリバウンドへ行き，決められたポジションへローテーションする。

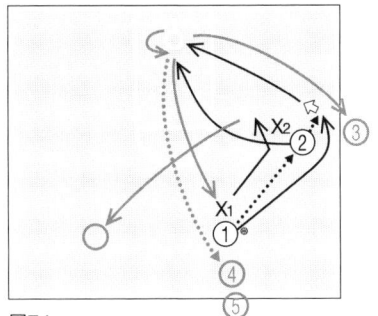

図74

❷——ドリブルからのジャンプショット，ドライブ，パス

図75のように，ガード①は，フォワード②のスクリーンの位置とは逆のサイドへドライブしてジャンプショットをおこなう。あるいは，そのままゴール下までドライブしてもよいし，ロールしてバスケットに向かっている②へパスしてもよい。②は，①がドリブルでスクリーンをうまく利用するまで，動かない。①がスクリーンを利用したあと，②は，リバースピボットでゴールに向かってロールする。

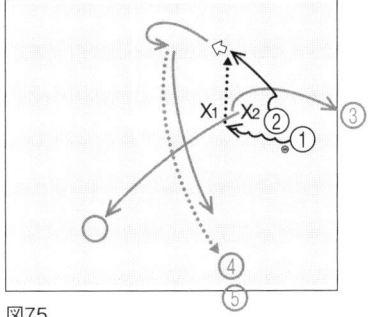

図75

---

*56. このドリルでは，プレーヤーが上達したら，もう1人ディフェンスを加えてもよい（原書より）。

❸──フォワードとのギブアンドゴー

　図76のように，フォワード②はガード①へパスをしたあと，すぐにバスケットに向かってロールする*57。この動きは，とくに速いチェックをしてくるディフェンスに効果的である。①はパスを追い，そのままリバウンドへ入る。他のガード・アウトサイド・ドリルのようにローテーションをおこなう。

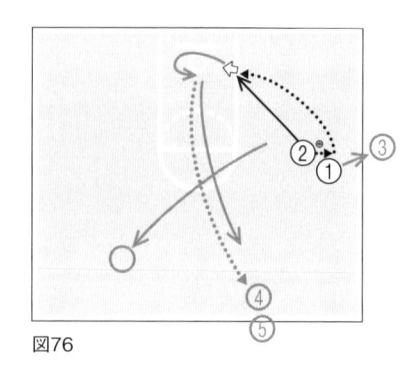

図76

🏀 サイドライン・トライアングル・シチュエーション──ガードのアウトサイド・ドリル④

　図77のように，ガード①はフォワード②へパスをし，②のアウトサイドを通ってバスケットへカットし，②からのパスを受ける準備をしておく。②はリターンパスをしない。①は，②からのパスがこない場合，方向を変えてコーナーに向かう。その間，②は，リバースピボット，フロントターン，もしくはリアターンをおこなう。これで②と①による，フォワードとコーナーのツーメン・シチュエーションができる。

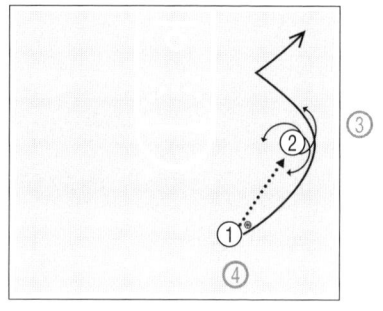

図77

🏀 ガードのインサイドカット

　図78のように，ガード①はフォワード②へパスをし，②のディフェンスがいるポジションのすぐ前に向かってカットする。①はスピードを落として②のディフェンスの前でインサイドスクリーンをかけるようにみせかけ，そこからバスケットへすばやくカットする。②は，近づいてくる①にパスするかのようにフェイクし，①がゴールに

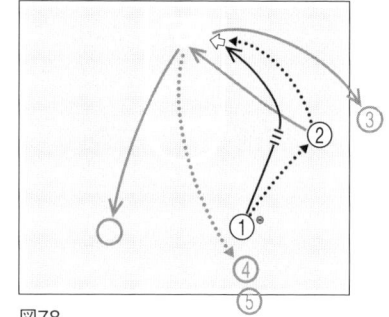

図78

向かってカットしたらそこにパスを出す。②はパスを追い，リバウンダーとして①の後ろをついていく。②は，ガード・ポジションにいる次のプレーヤー④にパスを出し，逆のガードの位置へ行く。①は③の場所へ，③は②と交代し，このローテーションを繰り返す。

🏀 ガードのインサイドスクリーン

図79のように，ガード①はフォワード②へパスを出し，インサイドスクリーンのポジションへ移動する。②は，ベースライン側へフェイクし，ディフェンスX_2を引きつけておく。①がスクリーンのポジションをとった瞬間，②は，①のスクリーンを利用してドライブ（ペネトレーション）を試み，ジャンプショットを打つか，ゴール下までドライブを続ける。

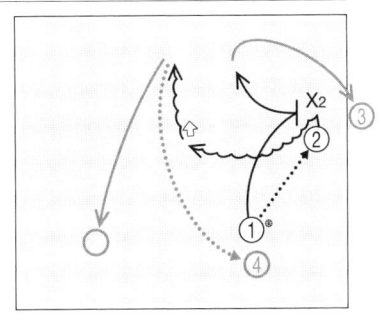

図79

図80のように，②はディフェンスのヘルプを警戒し，ディフェンスがペネトレーションを防ごうと早めにヘルプしてきた場合は，そのディフェンスを誘い出すようにワンドリブルし，すぐさまバスケットへロールしている①[*58]へのパスをねらう。

このドリルは，フォワードにダミーのディフェンスをつけておこなう。ガードのディフェンスは，あとで加える。プレーヤーは他のガードとフォワード・ドリルと同じようにローテーションする。

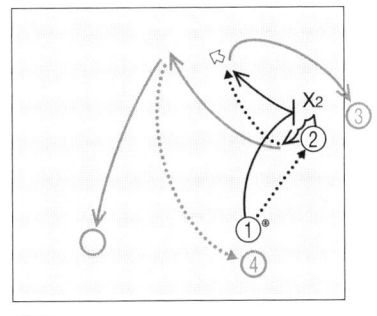

図80

---

*57. すぐにバスケットに向かってロールする[rolls to the basket immediately] 原文には「この動きを"サイドラインクイッキー(Side Line Quickie)"と呼んでいる」とある。Quickieは「急ごしらえのもの」の意。　*58. すぐさまバスケットへロールしている①　原文は"① rolling to the basket on a quickie"。

2 | ガードからガードへ展開するドリル
GUARD TO GUARD DRILLS (TWO MEN)

🏀 パスからインサイドスクリーン

　図81のように，ガード①はフォワード②へパスをしたあと，②と交差するように移動して，②へのインサイドスクリーンをセットする。②は，アウトサイドへフェイクをおこない，①がスクリーンをセットした瞬間にそれを利用してドリブルをする。②は止まってスクリーン越しのショットを打つか，ドライブしてレイアップショットやジャンプショットにもち込んでもよい。あるいは，ゴールに向かってロールしている①へパスしてもよい。ボールを2つ用い，前の組がショットをおこなったら，次の組がスタートする。

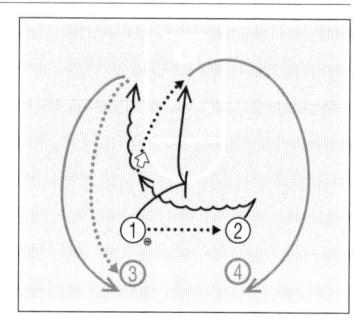

図81

🏀 ドリブルでのインサイドスクリーン

　図82のように，ガード①は，フォワード②のディフェンスの横までドリブルし，そこで②にパスをしてインサイドスクリーンをかける。スクリーンをセットするとき，①は②のディフェンスに正対する。スクリーンをセットしたあとロールする場合は，リバースピボットを用いる。ローテーションは前のドリルと同じである。

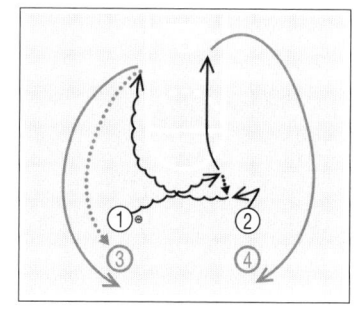

図82

🏀 ドリブルでのインサイドスクリーンとバスケットカット

　図83のように，ガード①は，フォワード②にインサイドスクリーンをセットするためにドリブルで進む。②は，アウトサイドへフェイクしてから，①のスクリーンを利用してカットする。①は近づいてくる②へパスを出すフェイクをしたあとリバースピボットをし，バスケットに向けてカットする②へのパスをねらう。この動きの中では，両手のオーバーヘッドパスが有効である。

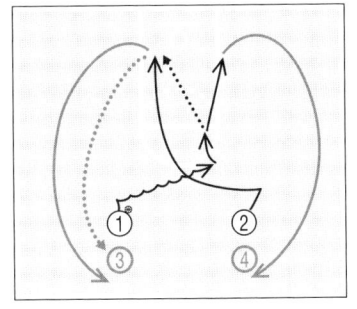

図83

🏀 ドリブルでのインサイドスクリーンとリバースカット

　図84のように，ガード①は，フォワード②と交差するようにドリブルで移動してインサイドスクリーンをセットする。②は，①の横をカットするように動くが，途中で逆方向に向きを変え，自分のディフェンスの背後をすばやくカットする。①は，②がフリーになった瞬間にパスを出す。

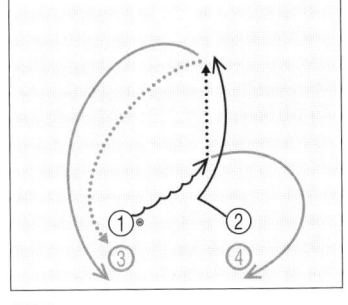

図84

🏀 インサイドカットとポストアクション

❶──インサイドカッターへのパス

　図85のように，フォワード②は，バスケットへすばやいインサイドカットを起こしたガード①へのパスをねらう。

❷──ポストアクション

　①にパスが入らない場合は図86のように，②は，①がもといたポジションへドリブルで移動する。インサイド

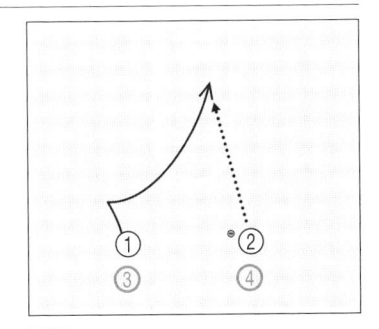

図85

ヘカットしたガード①は，ボタンフックカットをおこない，ハイポストでポジションをとる。図87のように，フォワード②は①へパスをし，①のアウトサイドをすばやくカットする。①は，②が近づいて来たらパスをするか，リバースピボットをしたあとでジャンプショットをねらうか，または，少し遅れて②へパスをする。

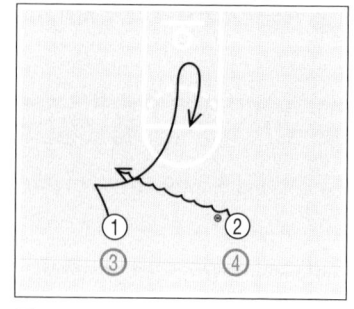

図86

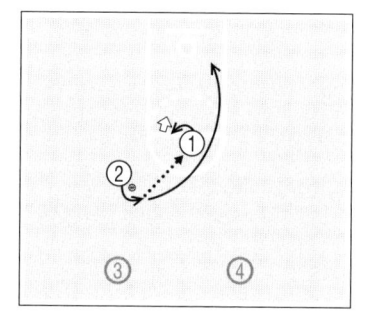

図87

3 ガードとフォワードの シューティング・ドリル
POSITION SHOOTING DRILLS FOR GUARDS AND FORWARDS

🏀 No.2パスからのショット

　図88のように，フォワード①は，サークルのトップ付近に位置するガード②へのNo.2パスを出し，②は，この位置からショットをおこなう。X_2は，②をスクリーンアウトし，リバウンドへ向かう。X_2は，右回りでローテーションするためにフォワードの列の最後尾へ移動する。スピードを出してドリルをおこなえるようになれば，ボールを2つ用いてもかまわない。

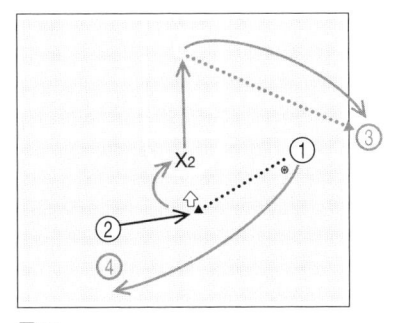

図88

🏀 ベースライン・エリアからのショット

　図89のように，ガード①は，フォワード②へパスを出し，ベースライン・エリアへカットする（インサイドカット，もしくはアウトサイドカット。ここでは，アウトサイドカットを示している）。②はコーナーへ開いた①にパスをする。X_2は，ベースラインからショットをおこなおうとする①をチェックする。②はガードの列へ，X_2はフォワードの列へ並び，①は②の位置でガードとなる。

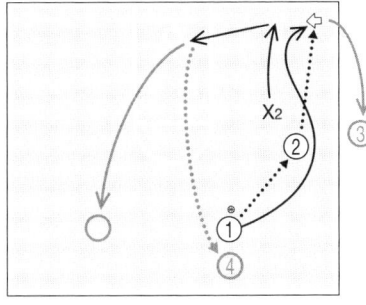

図89

🏀 ドリブルウィーブからのショット

図90〜91のように,フォワード②はガード①へNo.2パスを出し,バスケット・エリアへ移動する。ガード③はベースライン側へフェイクをおこない,ディフェンスX_3を②にぶつけるようにして②のすぐ後方をカットする。いっぽう,①は左側へフェイクをおこなってから右へドリブルし,コーナーからウィーブの動きで上がってくる③に合わせ,パスを出す。③は,②と①のスクリーンを利用し,ショットをしてもいいし,フリースロー・エリアまでドリブルを続けてショットを打ってもかまわない。左回りでローテーションする。②は③へ,③はX_3へ,X_3は①のポジションへ,そして,①は②のポジションへ移動する。

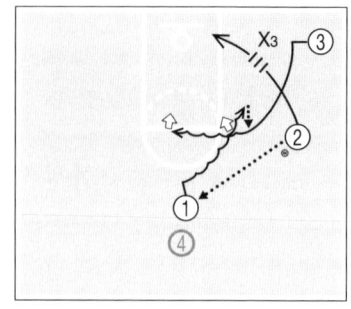

図90

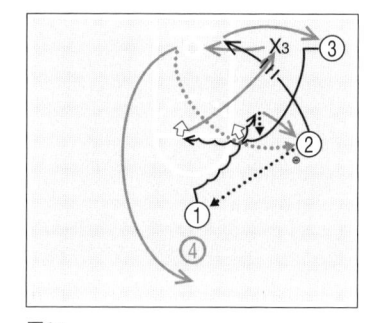

図91

🏀 ピンチポストを利用した攻め

図92〜93のように,フォワード③は,ガード①にNo.2パスをする。①は,ピンチポストの位置へ移動してくるフォワード②へパスをする。①は,②の横をカットし,リターンパスを受ける。このあとの①のオプションは以下の通りである。

(1) バスケットに向かうドライブからのレイアップ,あるいは短いジャンプショット。
(2) スクリーン越しに打つセットショット,もしくはジャンプショット。
(3) リバースピボットを使い,バスケ

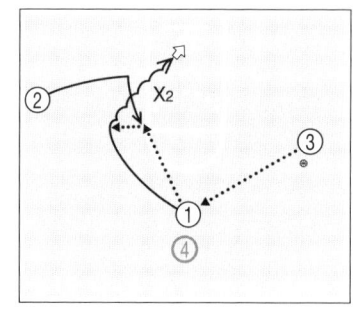

図92

ット方向へロールする②へのパス。
①は②へ、②はX_2へ、X_2は③へ、③は①へローテーションする。

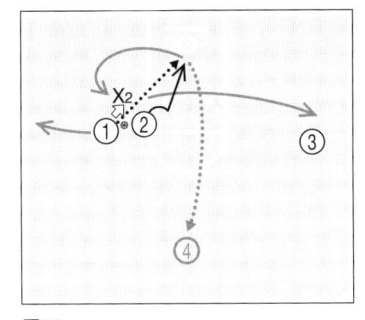

図93

ピンチポストからのショット

図94〜95のように、フォワード③は、ガード①にNo.2パスを出し、①は、ピンチポストにいるフォワード②へパスを出す。①は、②の横をカットする。②は、①が空いていたらパスをしてもよい。また②は、リバースピボット、フロントターン、あるいはリアターンをおこない、①へパスを出すフェイクをして、ジャンプショットをねらう。このドリルでは、最初、ディフェンスを緩めにおこなうが、慣れるにしたがって厳しくしてもよい。①は②へ、②はX_2へ、X_2は③へ、③は①へローテーションする。

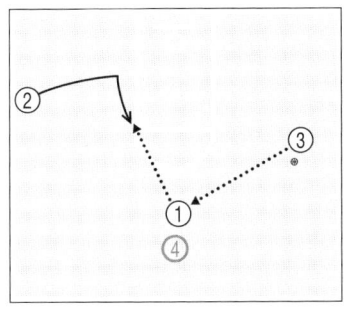

図94

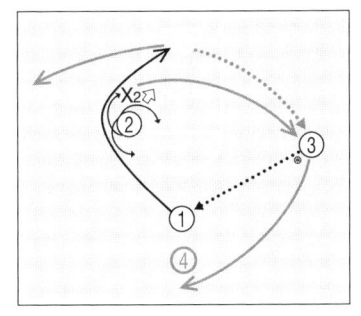

図95

🏀 ガードとフォワードのバックドア

　図96～97のように、ガード②は、フォワード③へパスをし、③のアウトサイドを通ってコーナーへ移動する。ガード①は、サークルのトップへ移動する。④は、パスがなされている間に、少なくともバスケットまでの中間ポジションへ移動する。③は、移動してきた①へチェストパスのフェイクをおこなう。このフェイクと同時に④は、ハイポスト付近へボールをもらいに上がる。③は、④へパスをし、①は、このパスのタイミングに合わせて、ゴールに向かってすばやくカットする。④は、①が空いているならパスをする。または、それをフェイクに利用し、④自身がジャンプショットをねらう。

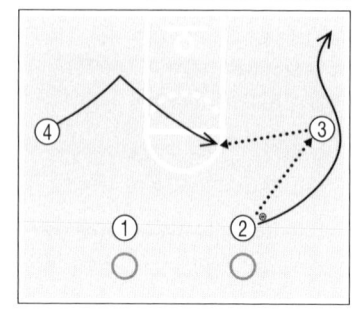

図96

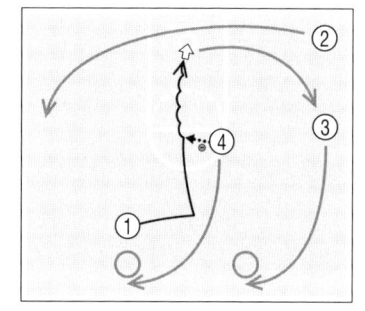

図97

4 セットオフェンス・ドリル
SET OFFENSIVE DRILLS (THREE MEN)

ハイポストへのスプリット

図98のように，ガード①は，ドリブルでセンターラインを越えてボールを運ぶ。センター⑤は，タイミングをはかってハイポスト・エリアへすばやく移動する。①は，⑤がボールにミートしにきた瞬間にハイポストへパスを出し，パスを追うようにして⑤のすぐ横をカットする。ガード②は，①が⑤に近づいたとき，①の後ろをカットするタイミングをはかる。

⑤には，次のようなオプションがある（図99〜100）。

(1) 最初のカッターである①へのパス。

(2) ①にフェイクし，①の後ろをカットしてきている②へのパス。

(3) カットしてきている①，②の両方にフェイクをし，フロントターン，もしくはリバースピボットする。そして，バスケット・エリアへカットしている①か②へ正確なパスを出す。このときのパスは，ディフェンスがカッターを追いかけているので，ディフェンスの頭越しのパスをする。

(4) ショットまたはドライブ。

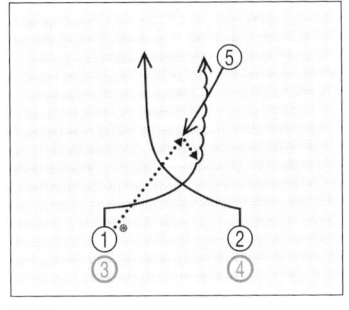

図98

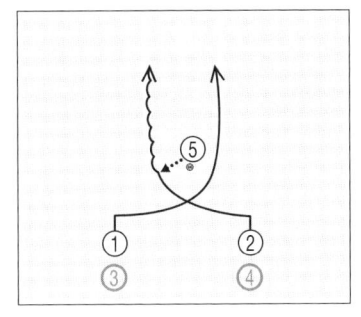

図99

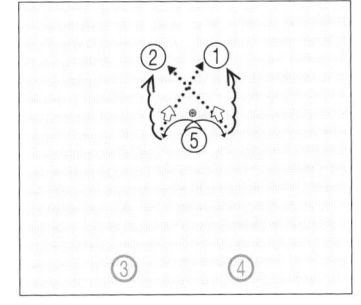

図100

ガード・スクイーズ

　図101のように，ガード②は，ドリブルでセンターラインを越え，ハイポスト・エリアに上がってきたセンター⑤へパスをする。②は，そこから，自分の動きがガード①のディフェンスに対するスクリーンになるようにチェンジオブペースをうまく使いながら，ミドルレーンをカットする。①は，②のアウトサイドをすれちがうように，続けて⑤をまわり込むようにカットする。①が近づいた瞬間，⑤は，①にパスをする。パスを受けた①には，次のようなオプションがある（図102～103）。

　(1)セットショット，あるいはジャンプショット。
　(2)ドライブからのレイアップ。
　(3)バスケットに向かってロールする⑤へのパス。このパスは，⑤のディフェンスが①のドライブやジャンプショットを防ぐためにスイッチしてきた場合に特に有効となる。ロールした⑤には①のディフェンス，すなわち背の低いガードがつくことになるからである。ここから⑤は，ゴール下にカットしてきた②にパスしてもよい。このパスは②のディフェンスが①のヘルプに出るときに有効である。

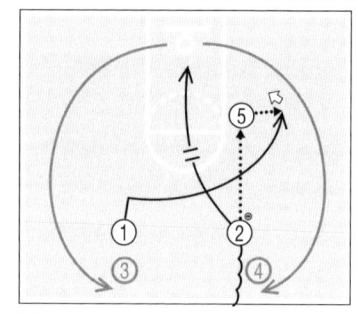

図101

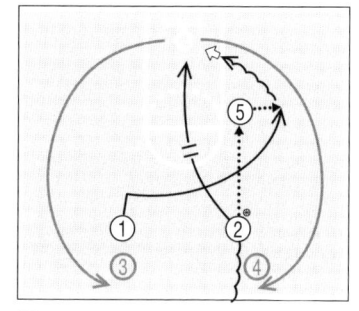

図102

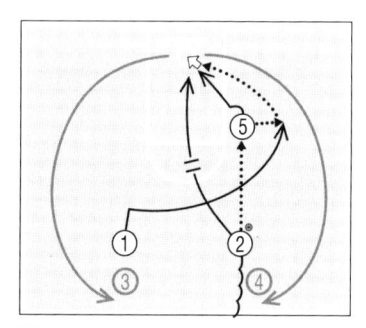

図103

ガード・アラウンド，フォワード・アラウンド

　図104のように，ガード①は，ボールにミートしてきたフォワード②にパスをし，パスのあとを追うように②のアウトサイドをカットする。②は，センター⑤へすばやいパスをし，パスのあとを追うようにバスケットに向かってカットする。①は，②のアウトサイドから方向を変え，バスケットに向かってまっすぐ走り込む。⑤は，カットしてくる①か②のどちらかにパスを出す。

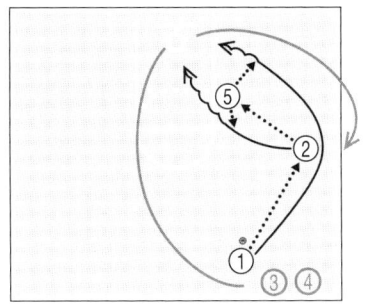

図104

サイドライン・トライアングル（スリーメン）

　図105～106のように，ガード①は，フォワード②へパスをしたあと，②のアウトサイド，またはインサイドをカットする。このとき，②は①へのリターンパスをしないので，①はそのままコーナーに開き，その結果，①②⑤によるトライアングルが形成される。このドリルは，P.16の「フォワードからのポストへのスプリットパス」で解説されるものと同じである。①は②の位置へ，②は①の位置へ移動し，ドリルを続ける。

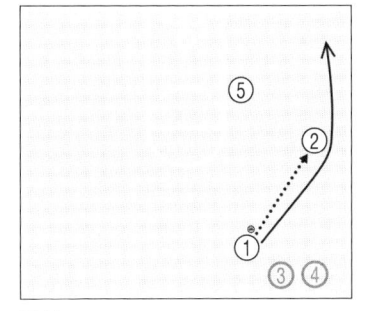

図105

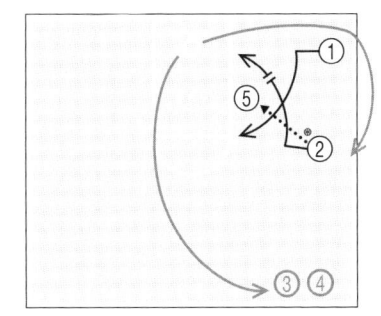

図106

ガード・ドリブル（スリーメン）

図107～108のように、ガード①は、フォワード②へパスをし、②のアウトサイドをカットする。②は、リターンパスをしたあと、リバースピボットをおこない、その場に留まる。①がコーナーでドリブルを止めピボットをしたあと、②はバスケットに向かって最初のカットをする。センター⑤は、②から①へのリターンパスを合図としてハイポスト・ポジションへ移動する。①はカットする②へパスをせず、②は、逆サイドへそのままカットする。②がレーンを横切ってカットしている間、⑤は、バスケット方向へカットするフェイクをしてから、ボールを保持している①のほうへ向かう。この動きは、コーナーで①がボールを長い間持ち続けないように、すばやくおこなわれなければならない。①は、ローポスト付近の⑤へパスをし、すばやくリターンパスをもらうためにバスケットにカットする。

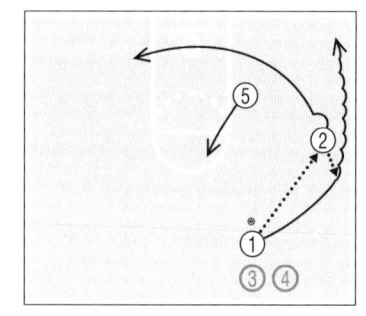

図107

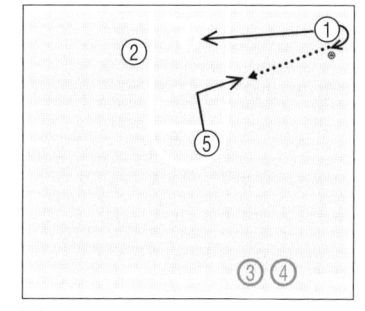

図108

⑤がポストエリアで①からパスをもらえなかった場合は、図109のように、クリアしてサイドに出て、①からパスをもらう。

サイドでボールをもらった⑤は、逆サイドからポストエリアに戻ってポジションをとった②にパスを入れる。図110のように、②にパスが入ったら、①と⑤は、②をポストとしたスプリットの動きをおこなう。

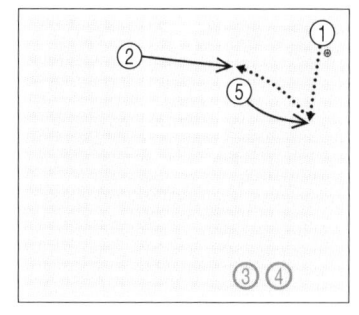

図109

以下，ガード・ドリブル・シリーズ（P.22）を参照してドリルを続ける。

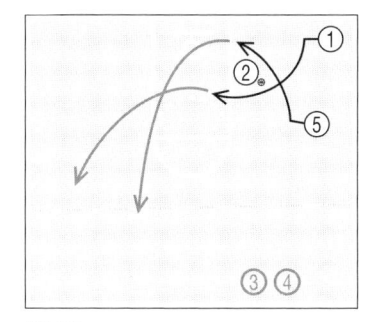

図110

🏀 ソロカット

図111～112のように，ガード①はフォワード②へパスをし，逆サイドのバスケットとコーナーの中間の位置に向かってカットする。このクリアの動きによって②とセンター⑤の2対2の状況ができる。②は⑤にパスをしたあと，バスケットへソロカットを起こす。②は，⑤のどちらのサイドをカットしてもよい。②が空いていれば，⑤はパスをする。②がパスをもらえない場合は，図に示されたポジションまでカットする。このように，センターのポジションがクリアされると，センターはフックショットなど，状況に即したプレーがおこなえることになる。

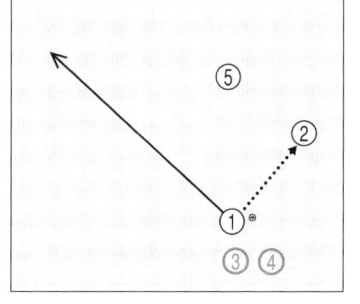

図111

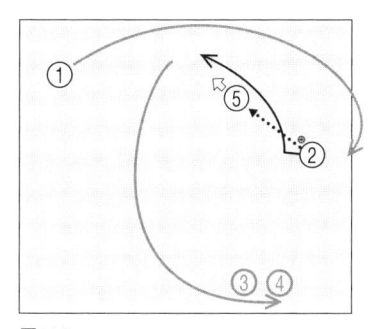

図112

サイドライン・トライアングルのウィークサイド・フォワードピンチ（フォーメン）

　図113〜114のように，サイドライン・トライアングルのウィークサイド・フォワードピンチのドリルを4人でおこなう。このドリルは，ポストプレーヤーを必要としないすべてのオフェンス・パターンを含んでいる。センターにとっては，フォワード・ポジションでプレーするための練習にもなり，また，小柄で器用なフォワードにとっては，ガードのポジションでの練習にもなる。このドリルは，7，8人ずつのプレーヤーをコート半面に置き，集中しておこなうようにする。

　ツーメン，スリーメンのドリルでオフェンスの動きを身につけたら，このフォーメン・ドリルでアウトサイドのオフェンスをひとつにまとめ上げることができるだろう。いくつかの特別な動きをコーチの判断で採用してもよいし，プレーヤーが上達したら，特別なプレーを通常の動きから派生させておこなうことも可能になる（P.19のウィークサイド・フォワードのピンチポスト参照）。

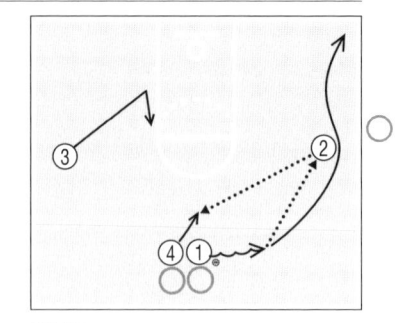

図113

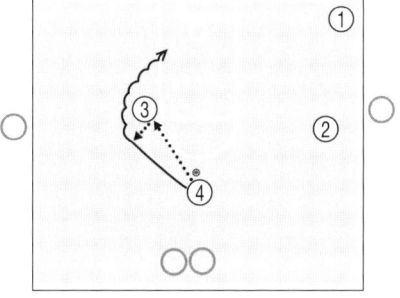

図114

ソロカットからセンターへのダブルスクリーン（ファイブメン）

　図115～116のように，ソロカットからセンターへのダブルスクリーンのドリルを5人でおこなう。このドリルは，フォーメン・ドリルにセンターを加えたものである。オフェンスのすべてのオプション・プレーは，このファイブメン・ドリルでおこなうことができる。チームのトップの7，8人のプレーヤーを同時にひとつのドリルでプレーさせることが可能となる。このドリルは速いペースでおこなわれるため，コンディショニングやタイミングなど，プレーを成功させるためのさまざまな基礎の向上には最適である。ショットの練習は，このファイブメン・ドリルや，この章で紹介した他のドリルの中でおこなうべきである。そうすることで，プレーヤーは実際のプレーパターンの中で用いるショットを練習できることになる。

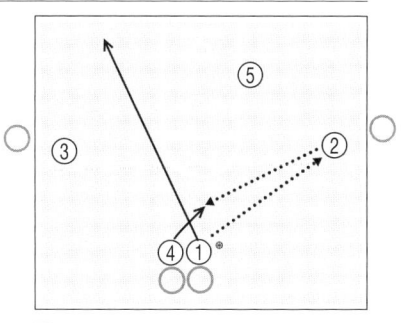

図115

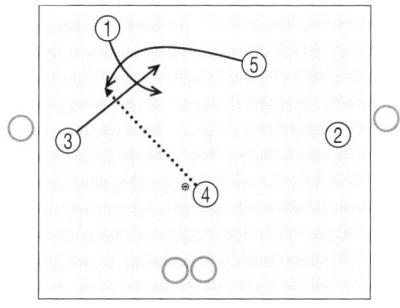

図116

第4章
ファストブレイク・
アタック

4

Building
A Fast Break
Attack

1 | ファストブレイク 成功のカギ
THE KEY TO SUCCESSFUL FAST BREAK BASKETBALL

　ファストブレイクの得意なチームは，状況を見て臨機応変に対応できる力を持つ。ファストブレイクを成功させるカギは，"スピードがありながらコントロールされていること"である。コントロールされた動きが速ければ速いほど，良いプレーヤーだといえる。自分の動きをコントロールできなければ，スピードがあることは強みではなく弱みとなる。コントロールされたスピードを覚え，改善していくには，ファストブレイク・ドリルが最適である。スピードを上げることが，ファストブレイクを教える最大の理由である。

　ファストブレイクは，オフェンスがディフェンスよりも多い人数で攻められるかどうかでその成功が決まる。もしくは，ディフェンスがゾーンを組んだり，マンツーマンのピックアップをする前にどれだけ有利な状況を整えられるかによってその成功が決まる。この後者にあたる攻撃をセカンダリーブレイク[*59]と呼ぶが，これはバスケットボールにおいて最も優れた攻撃方法の1つである。

　ファストブレイクをチームとして効果的におこなうには，個々のプレーヤーがそのチャンスをねらえるように練習を積んでおかなければならない。というよりも自分からそのチャンスをつくり出そうとしなければならない。そして，ファストブレイクのチャンスが来たら，それを認識できるようになることである。もし，ファストブレイクのチャンスがつくり出されなければ，無理にファストブレイクをねらってはいけない。ファストブレイクの攻撃は，セットパターンを用いておこなう。

----

*59. セカンダリーブレイク[secondary fast break] ファストブレイク(速攻)の最初の展開(1次局面)でショットにもち込めなかった場合に展開する，ファストブレイクの2次局面のこと。ディフェンスからオフェンスへの切り換えの早い段階での，ディフェンスが完全に戻っていない，あるいはディフェンスが体制を整えていない状況における攻めのこと。

2 | ファストブレイクのチャンスにつながる シチュエーション
SITUATIONS LEADING TO FAST BREAK OPPORTUNITIES

🏀 インターセプション*60

　ファストブレイクは，チームがディフェンスをしている段階から始まっている。つまり，ファストブレイクの優れたチームになるためには，ファストブレイク・オフェンスをディフェンスと結びつけなければならない。機敏で激しくアグレッシブなディフェンスが，オフェンスのミスを誘い，ファストブレイクの機会をつくり出すことになる。

　ディフェンスでは，インターセプションをねらい，オフェンスプレーヤーとボールの両方を視野にいれたポジションをとる。ディフェンスは，ボールをインターセプトしたら，すばやくファストブレイクに移れるよう準備をしておく。このようなまもり方をすることによって，ルーズボールへの対応も速くなり，それによってインターセプションの機会を増やすことができる。

　インターセプトからのファストブレイクにおいて特別なパターンは必要ない。できるだけ速くスリーレーン*61を形成し，ミドルレーンを走るプレーヤーにボールを渡していっきに攻めるだけである。すべてのプレーヤーは，誰よりも早くそのレーンを走るためスタートするが，もし自分より先に他の3人がスリーレーンをつくってしまった場合，そのプレーヤーはスピードを緩めトレーラー*62になる。これにより，ディフェンスとセカンダリーブレイクのためのトレーラーが2人できることになる。インターセプションは，ファストブレイクの絶好のチャンスとなる。パスをインターセプトしたプレーヤーが即座にノーマークになるからである。

🏀 アウトオブバウンズ（エンドラインからのスローイン）

　プレーヤーたちがファストブレイクについて指導を受けているならば，バックコートのサイドラインからのスローイン，および得点を決められたあとのエンドラインからのスローインを起点としたファストブレイクによ

---

*60. インターセプション[interception] オフェンスのボールを奪うこと。　*61. スリーレーン[three lanes/lanes：小道,車線] コートを縦に3分割したとき,真ん中をミドルレーン,両脇をサイドレーン,あわせてスリーレーンという。　*62. トレーラー[trailer：追跡者] ボールを後方から追いかけるオフェンスプレーヤーのこと。ファストブレイクにおいては,あとから追いかけてセカンダリーブレイクをねらう。

る得点を増やすことができる。オフェンスからディフェンス，ディフェンスからオフェンスの切り換えが遅いということは，ゲームをおこなう上での大きな弱点の1つとなる。ボールの位置を確認しないでコートを行き来する悪い習慣を持っているプレーヤーがいたとしたら，注意しなければならない。

　ディフェンスにおいてもオフェンスにおいても，ボールがどこにあり，自分がマークしている相手はボールとどのような位置関係にあるかを把握していなければならない。オフェンスにおいては，自分のチームのスローインになったらすぐにスローインの位置でボールを手にし，ロングパスが出せるようにしなければならない。スローインをおこなうプレーヤーは，ボールを確保した瞬間に状況を判断して，パスの機会をねらうことである。

　フォワードとセンターは，すぐにフロントコートに走り，ボールとデイフェンスプレーヤーとの位置関係を把握する。フォワードやセンターがスローインすべきではない。ボールは，最も近いガードが取りに行き，もう1人のガードは，ロングパスができない場合に備えておく。スローインから不用意にロングパスを出してはいけない。ガードは状況を注意深く見きわめることである。

　相手が得点したあと，ベースラインからボールがスローインされるとき，フォワードとセンターは，速くフロントコートへ走り，できるだけ早い段階でボールを見る。ガードがロングパスを出せず，もう1人のガードにもパスできないようなら，フォワードやセンターは，ボールをもらえるところに走って戻ってくる。ボールから4〜5mの距離まで戻ってきてもパスがもらえないときは，方向を換え，ディフェンスの先に走ってロングパスをもらうよう試みる。

　ボールに最も近いガードは，すばやくボールを拾い，あわてずにバランスをとってロングパスのできる体勢を整える。味方プレーヤーがディフェンスよりも先に走り，その前方にパスを受けるだけの十分なスペースがある場合は，ロングパスを出す。このパスを無理に出してはいけない。このとき，ボードの真下からスローインしないように気をつける。ボードが邪魔になるのでゴールの下からロングパスはできない。

　コート内のガードは，最初のパスをレシーブできる準備をする。ボールを受け取り，ドリブルで前に進めるなら，すぐにボールを運ぶ。ボールを運んでいるとき，前方の味方プレーヤーの状況に気をつける。味方プレー

ヤーがフリーでパスコースが空いているなら，ガードは正確なパスを送る。

　ガードがボールを運んでいる間，フォワードはできるだけ早くフロントコートに入り，ガードがハーフラインを越えたらすぐにオフェンスを始められるよう準備しておく。ガードが，フォワードとセンターの準備ができるのを待って，いつまでもボールを持っているようなことがあってはならない。

　スローインされるパスをもらうガードがディフェンスにダブルチームされてパスをもらえない場合，ボールをもらうガードは，バスケットをはさんで逆サイドのコートの外へ出る。このことで2人のガードがコートの外にいることになる。そこで最初にスローインを試みたガードから，コートの外に出てきたガードにパスをする。パスをしたガードは，すぐコートに入りすばやいリターンパスを受け取る。そして，バックコートでプレスしているディフェンスを抜き去り，速いドリブルでフロントコートに向かい，オープンになっている味方プレーヤーへのパスをねらう。

　ファストブレイクを得意とするチームに対しては，プレスディフェンスはなんの脅威にもならない。それもまた，練習の中でファストブレイクのドリルに多くの時間を費やす理由の1つである。

🏀 フリースロー

　フリースローで得点されることは，フィールドゴールで得点される場合とまったく同じ状況をつくり出す。エンドラインからボールを入れるプレーヤーは，ディフェンスがピックアップする前にプレーに入る。センターとフォワードは，急いでフロントコートに向かって走る。この目的は，ディフェンスの先に出ること，そして，ディフェンスを引き付け，バックコートをクリアすることである。他のすべての動きは，前項で述べたものと同じである。

　もし，プレスディフェンスが，最初のパスをわざと通させ，それを受けたガードにドリブルさせてダブルチームしてこようとするなら（ゾーンプレスはこの方法を使うことが多い），パスを受けたガードはドリブルを始めるようなフェイクをするか，実際に1～2回ドリブルをおこなってディフェンスがダブルチームにくるよう引きつける。そして，3～4m離れた位置に開いてリターンパスを待っているもう1人のガードにパスを出す。

　リターンパスをもらったガードは，レシーブ直後にいっきにドリブルで

進み，ディフェンスの先に出る。このガードは，ドリブルしながら前方にいるノーマークの味方を探す。

インバウンドパスをレシーブしたガードが，ダブルチームを待たずにもう1人のガードにリターンパスを出す場合もある。ゾーンプレスに対してドリブルはしないというのが一般的な考え方であるが，賢いドリブラーは，ディフェンスのダブルチームをかわし，トラップを迂回することができる。これができるドリブラーは，ディフェンスを崩し，ファストブレイクのシチュエーションをつくり出すことができる。この場合，ドリブラーは，バックコートのディフェンスに追いつかれないようドリブルを続けなければならない。ドリブラーは，前方の味方プレーヤーへのパスができるようになるまで，ドリブルで進む。この方法でファストブレイクをねらえば，多少のミスが出ても，そのマイナスを上まわるだけの容易なファストブレイク・シチュエーション（2対1，3対2）がつくり出されるであろう。重要なことは，どんなプレスにも対処できる能力と自信をチームに植え付けることである。そのためにはファストブレイク・シチュエーションを繰り返し練習することである。図117〜118は，フリースローからのファストブレイクの例である。

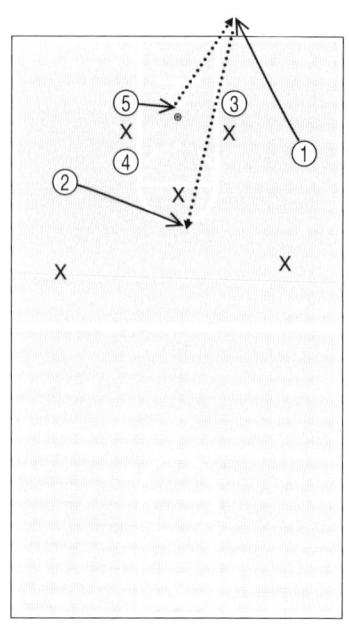

図117

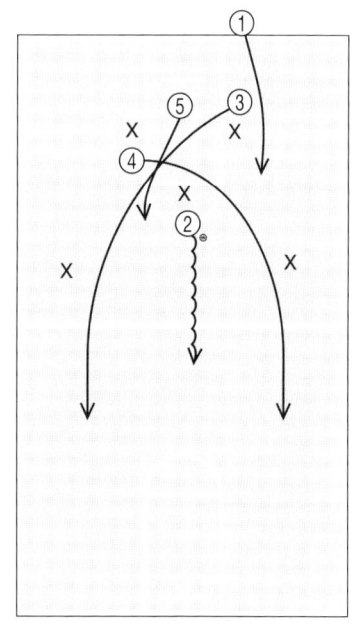

図118

ジャンプボール・シチュエーション

　ジャンプボールを確実にティップできるときは，ファストブレイクのチャンスとなる。誰がボールを確保するか確信が持てないとき，もしくは，ジャンプボールを相手にティップされそうなときは，ボールを確保することだけを考える。

　オープンサイドにいる背の高いガードへのティップをねらい，背が小さいほうのガードは審判がボールをトスした瞬間にファストブレイクに走る。背の高いガードは，ジャンパーがティップしたボールをディフェンスの先を走るガードに向かってもう一度ティップするか，あるいはロングパスを出す。最初からバックコートにディフェンスが戻っているなら，他の味方プレーヤーにティップされるのを確認するまで，背の小さいガードはスタートしないでおく。ジャンプボールを確保したら，そのガードは，戻っているディフェンスが干渉できない位置に進む。

ディフェンシブリバウンドからのファストブレイク

　ディフェンシブリバウンドは，他のどんなシチュエーションよりもファストブレイクにつながるチャンスが多い。それだけに，ディフェンシブリバウンドからのファストブレイクは最も重要だとみなされなければならない。

　ファストブレイク・アタックは，チーム練習によってつくり出されるが，これはコンディショニング・ドリルでもある。このドリルは練習の後半でおこなう。ファストブレイクに優れたチームを目指すには，コンディショニングと戦略を結びつけなければならない。ファストブレイク・アタックを続けることは，相手チームにプレッシャーを与え続けることであり，最終的には，コンディショニングがゲームを決定づける要因となる。

3 ファストブレイクを組み立てるドリル

DRILLS ARE USED IN BUILDING THE FAST BREAK ATTACK

🏀 1対1ドリル

❶──すばやい攻め

　図119のように，①は，X_1に対しての得点を試みる。オフェンス，ディフェンスともに本気でプレーする。①は，X_1へのヘルプがくる前に攻めるため，速いムーブで攻撃する。X_1は，①に体勢の悪いショットを打たせるか，または，味方のヘルプがくるまで攻めを遅らせる。①は得点したあと，またはX_1がボールをとったあとでディフェンスになる。ディフェンスを終えたX_1は，オフェンスの列の最後につく。この方法でドリルを続ける。

図119

❷──トレーラーの参加

　図120のように，1対1ドリルに，トレーラーとなる②を加える。センターサークル付近で待機する②は，①がキーのトップまで進んだらトレーラーとなって走りこむ。①はショットを打つが，X_1がショットのチェックに来た場合は②へパスをさばく。

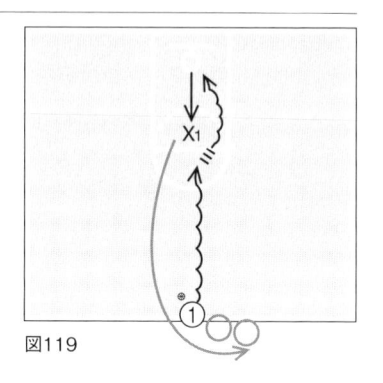

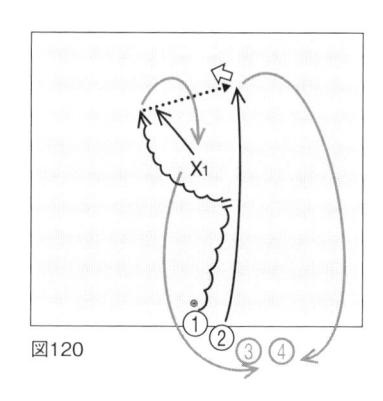

図120

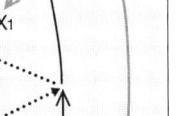

2対1ドリル

❶——すばやい攻め

図121のように，①と②は，X₁に対して攻める。オフェンスは，ヘルプが来る前に1人のディフェンスに対して攻めきる。①と②は，4〜5mの間隔を保った状態で攻撃する。ドライブできる機会を最初に持ったプレーヤーが，ドライブで攻め込む。もし，そのプレーヤーがディフェンスを抜ききれないなら，味方プレーヤーにパスを出す。このシチュエーションにおける目的は，レイアップにもち込むことである。

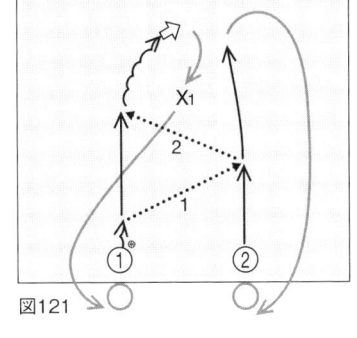

図121

❷——2対1から2対2へ

図122〜123のように，①と②は，2対1の状況で攻める。①と②がサークルのトップを過ぎたとき，X₂はX₁をヘルプするためにオープンサイドのプレーヤーに向かって全力でカバーに行く。X₁は，ヘルプがくるまでゾーンでまもる。①と②は，この動きの中で確率の高いショットを選択する。

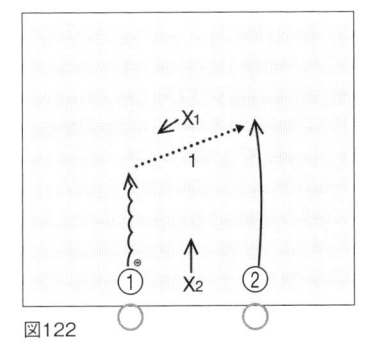

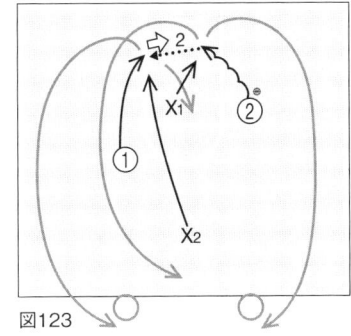

図122

図123

🏀 スリーレーンブレイク・ドリル

❶——1次局面

　図124は，ファストブレイク・アタックの1次局面（第1波）の例を示している。

　バスケットの周辺にポジションをとった①は，バスケットボールをボードへトスし，それをジャンプしてキャッチする（ボールの取り方，バランスのとり方，リバウンドのコントロールの仕方をここで練習する）。ボールを取った①は，②，もしくは③へアウトレットパスを出す。パスを出すのが背の高いプレーヤーの場合，必ず両手のオーバーヘッドパスをさせる。この方法が，4〜5mの距離では，より速く，より正確なパスとなるからである。

　②と③は，フリースローラインの延長線上の，両サイドのオープンスペースからスタートする。もし，パスが図で示されているように②へ渡った場合，③は，フロアの中央へ鋭くカッティングする（図のように，必ずフリースローサークルをカットしてミドルレーンにきれ込む）。②は，ボールをミートして受け，③へパスを出す。③がオープンでない場合，または②がパスコースを妨げられた場合，②は，サイドラインに沿って速いドリブルを始める。③は，ミドルレーンを走り続け，②からのパスをもらうためにフリーになる努力をし続ける。

　図のように，②からパスを受けた③

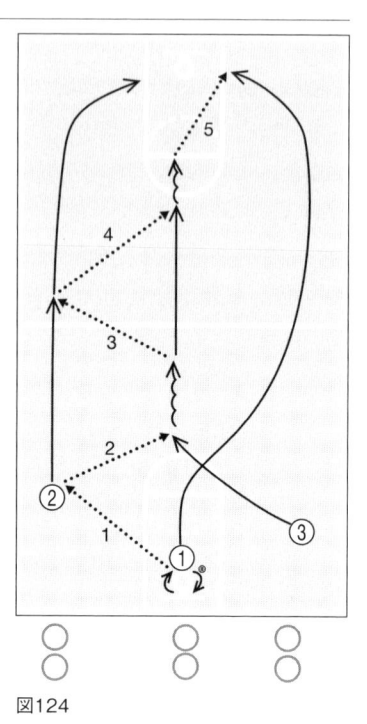

図124

は,ミドルレーンでボールを運ぶ。②は,サイドのレーンをまっすぐ走り,①(センター)は,アウトレットを出した位置から②の逆サイドに出て走る(ボールは,バスケット付近からパスアウトされるので,すべてのファストブレイク・パターンは,センターをミドルレーンに置いて始める)。スリーレーンブレイク・ドリルにおいて,センターは,3番目のレーンを埋めるためのプレーヤーであり,そのためにも全力で走らなければならない。たとえ自分がリバウンダーであっても,すばやく反応し,レーンを埋めなければならないのである。

　3つのレーンはこうしてすべて埋められる。①が右ウィングレーン,②が左のウィングレーン,③がミドルレーンである。ファストブレイクの1次局面は,3つのレーンから構成される。3人以上がレーンを走ってはならない。ガードのどちらか1人は,必ずミドルレーンを埋めなければならない。それぞれのレーン間の距離が,4～5m以上になってはならない。速く走りながら,正確なボールハンドリング,パス,キャッチをするためには,距離が近くなければならないからである。しかし,1人のディフェンスで3人ともカバーできるほど近づいてもいけない。

　ファストブレイクでは,ドリブルではなく,パスによってボールを運ぶ。タイミングによっては,トラブルを避けるためにドリブルが必要になることもある。しかし,レーン間にパスコースがあれば,パスをさばくことはできるはずである。一度アウトナンバー(3対1,3対2)になれば,ミドルレーンを走るプレーヤーがブレイクを成功させるキーとなる。ミドルレーンを走るプレーヤーは,ボールをよい場所へ,よいタイミングでさばくことができるプレーヤーでなければならない。

❷——2次局面

　図125は,スリーレーンでのファストブレイクの2次局面(セカンダリーブレイク)を示している。

　フリースローの延長線上付近を通過したら,ウィングの①と②はバスケットの方向に向かうが,フリースローレーンのリバウンドポジションより中に入り込んではならない。

　ミドルレーンでボールを運ぶプレーヤーは,まず早い段階でパスをねらい,パスができない場合にドライブやショットをおこなう。フリースローエリアにペネトレートするが,もし,ドライブやショットのチャンスがなければ深い位置には入らず,3人は一時的にそのポジションにとどまる。

そうすると，3人によって一辺4～5mの三角形が形成される。

　ミドルのプレーヤーがフェイクでディフェンスをはずすことができるなら，または，バスケットへ走り込んでくるウィングのプレーヤーにパスがさばけるなら，それを実行すればよい。ディフェンスの間を抜けられるなら，ミドルレーンをそのままドライブしても構わないが，それ以外は，フリースローラインより奥にペネトレートしてはならない。この位置でとどまるのは，そうすることによってバスケットエリアにスペースができるので，1人のディフェンスが3人のオフェンスのすばやい突進をすべてカバーできなくなるからである（3対1）。もし，3対2の状況であれば，ディフェンスは，タンデム[*63]でカバーする場合が多いと考えられる。この場合でも，後ろのディフェンス1人では，2人のウィングのプレーヤーをカバーすることはできないのである。

　このファストブレイクからゴールを決めたら，すぐにボールに最も近いプレーヤーがボールを保持する。ボールを持っているプレーヤーは，バスケットの下で待っているラインの先頭へベースボールパスをする。3人ともコート外を走ってスタートラインに戻り，そして列の最後尾にまわる（最初とは

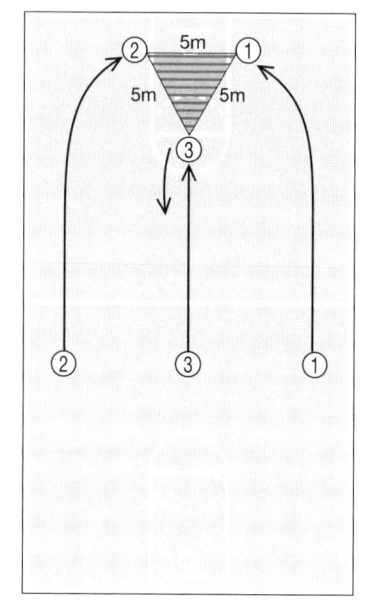

図125

＊63．タンデム[tandem] 1人が前，1人が後ろの配置のこと。

異なる列に並ぶ）。

　最初の3人がコートの中ほどを越えたら，次の3人がファストブレイクをスタートする。このようにドリルはすばやく進められなければならない。2つのボールを使えば，プレーヤーは休みなく走りつづけることになる。これは，"ウインド・スプリント"というコンディショニングである（ファストブレイクで走り，ジョグで戻り，それを繰り返す）。

5人のファストブレイク・ドリル

❶──1次局面

　図126のように，①は，ボードの上のほうへボールをトスする。④と②は，①がボールに触れるとすぐにダブルチームでプレッシャーをかけ，最初のパスアウトの邪魔をする。①が④と②のプレスをかわし，パスをさばくことができたら，そのディフェンスはそこでオフェンスに変わる。これは①がリバウンドをとったあと，④と②がディフェンスのフロントラインとしてあたってくる場合を想定したものである。③と⑤は，アウトレットのゾーンに広がり，①は，③か⑤のどちらかにパスを出す。ここから5人全員が3つのレーンを確保するために走る。②と④は，リバウンドをおこなったサイドからすぐにスタートする。③と⑤は，アウトレットゾーンに開いて待機し，①（リバウンダー）からのパスを受ける準備をしておく。③にパスが出たら，⑤はタイミングを合わせ，①の5〜6m前方のミドルレーン（サークルのトップ）付近に飛び込み，ミドルのプレーヤーとなる。

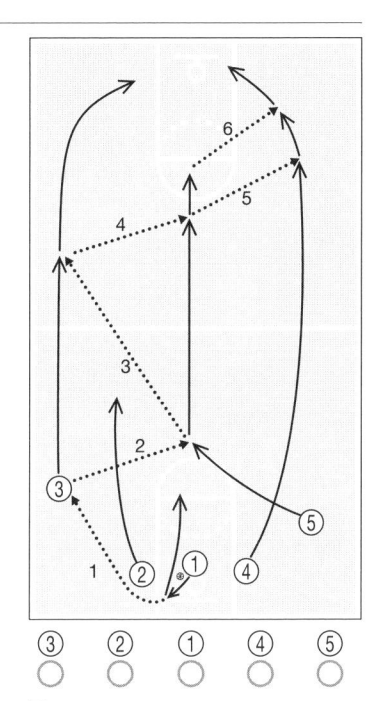

図126

③はできるかぎり早く⑤へパスを出し，そのまま自分がいるサイド側のレーンを走る。もし，③が先にこのレーンを走っている場合は，②は少し遅れてトレーラーになる。②が先にこのレーンに入ったなら，③がスピードを調整しながらトレーラーとなる。トレーラーは，レーンを走る3人から4～5mほど遅れて進む。④は，コートサイドのレーンにコースをとる。①がこのレーンを先に確保した場合は，①がサイドを走る。

　たいていの場合フォワードは，センターより先にウィングレーンに入れるはずである。そのためセンターは，少しタイミングを遅らせて，最初のミドルマンの後方4～5mを走るトレーラーとなる。そして⑤はミドルマン，③はレフトウィング，④はライトウィングとなる。これが1次局面のブレイクとなる。①はミドルマンの4～5m後方を走り，②は最初，レフトウィングの後方を走り，途中から①の後方4～5mに移動する。②は，ディフェンスのバランスを考えなければならず，自分の後方から相手チームのプレーヤーが追いかけてくる状態にしてはならない。センターの①は，いつでもオフェンスに参加するという意識を持っておく。もし，1次局面において，プレーヤーが前述したゴール近くのエリアでとどまった場合，ファストブレイクは2次局面（セカンダリーブレイク）へと展開していく。

❷──2次局面

　図127は，ファストブレイクの2次局面を示している。図では④がボールを持っている（③か⑤がボールを持っている場合もある）。ショットチャンスがない④は，後方からゴール下のオープンスペースへ走り込んでくるセンターの①へのパスをねらう。これはファストブレイクにおける最も優れたオプションの1つである。もし，ディフェンスが④から離れれば，④は短い距離のジャンプショットを打てる。④がシュートしたなら，①はバスケット向かってリバウンドにはいる。④がショットをせず，バスケットエリアへカットしてくる①にもパスできなければ，

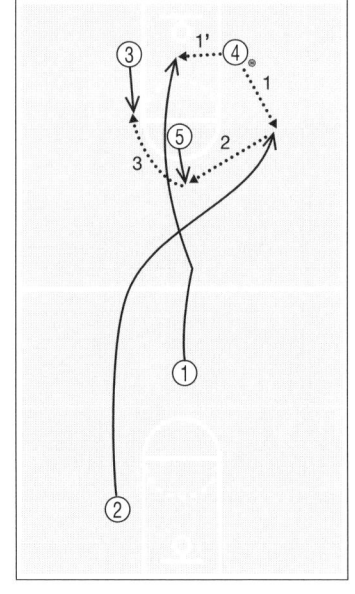

図127

①の4〜5m後方を走ってきている②を見る。

①がバスケットへ向けてカットしたら，②は，ボールがあるサイド（ボールから4〜5mの距離）に移動する。④はピボットをして②へパスをする。ここから②は，チャンスがあればシュートしてもいいし，ポストアップする①，あるいは①のカットに合わせてトップに出てきた⑤にパスしてもよい。③はバスケットから4〜5m離れる。②からパスを受けた⑤は，③へパスを出してもよい。そうすることによってサークル周辺をボールが速く展開し，チームはセットオフェンスのパターンにはいることができる。ファストブレイクがそのままセットオフェンスへ移行するため，どこでファストブレイクが終わり，どこからセットオフェンスが始まるのかをはっきり区別することは難しい。

5対2のファストブレイク・ドリル

ファストブレイクを組み立てる次のステップとして，ディフェンスを加えておこなう。すなわち，ファストブレイクに走ったグループの2人のウィングが，フロアの中央まで出てきてディフェンスとなる。そうすることによって，3対2，5対2のドリルが可能になる。この方法によって，オフェンス，ディフェンス，どちらの練習にもなる。これらのドリル（とくに5対2のチームドリル）は，ファストブレイクの力を伸ばすのに最適であり，またこのドリルでファストブレイクをおこなうためのチームのコンディショニングを向上させることもできる。

チーム全体が身体的，技術的にベストな状態になってきたなら，チームのメンバー分けをおこなう。試合に出るメンバーがいっしょにファストブレイクを練習することで，プレーヤー交代

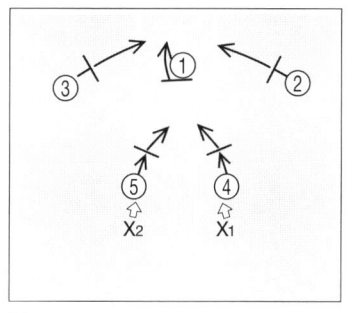

図128

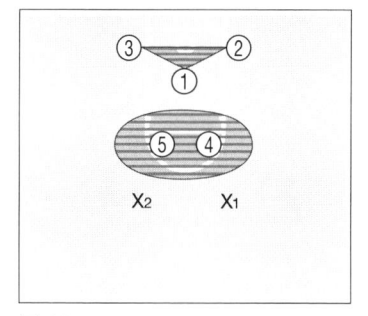

図129

があってもチームの協調性が失われないようにする。メンバーが決まったら，5対2のドリルをおこなう。

図128のように，最初の5人は，ディフェンスポジションにつく。④と⑤は，X_1とX_2をガードする。このドリルでは，ガードがアウトサイドショットを打つ。④と⑤は，ガードにアウトサイドショットを打たせてもよいが，ドライブをさせたり，リバウンドに入らせたりしてはならない。図129で示しているように，①，②，③はバスケットの前でスクリーンアウトをしてリバウンドトライアングルを形成し，④と⑤は，フリースローラインエリアでスクリーンアウトをしてロングリバウンドポジションをとる。

ベストなファストブレイクのパターン

図130は，ベストなファストブレイクのパターンを示している。

③がリバウンドを取り，⑤へアウトレットパスを出す。⑤は，ミドルレーンに入ってくる④へパスをする。②は左ウイングレーンを走る。⑤は，④へパスをしたあと右ウィングレーンを走る。①はミドルレーンへと進む。もし，3つのレーンがすでに埋められているなら，①は，④の4～5m後方を走っていく。③は，まず右ウィングレーンに向かって走る。⑤が③より先にそのレーンを埋め，他の2つのレーンも埋められているようなら，③は少し遅れて①の4～5m後方を走る。このドリルは，ディフェンスを何人か追加しておこなってもよいが，アウトナンバーで攻める練習なので，ディフェンスの人数は2人から4人までにする。

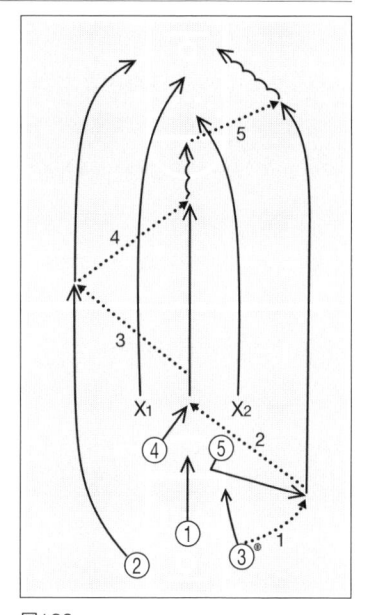

図130

4 ファストブレイクのポイント
FAST BREAK POINTERS

1. スクリーンアウトをおこない，リバウンドポジションを形成する。自分，またはチームメイトがボールを保持するまで，すべてのプレーヤーは気を抜いてはならない。ボールに対する執着心を持つ。
2. 最初のパスアウトがブレイクを始めるキーとなる。センタープレーヤーがリバウンドを確保した場合，両手のオーバーヘッドパスがボールをパスアウトするのに最も有効である。
3. ガードもスクリーンアウトをして，ロングリバウンドに参加し，そのあとアウトレットをもらうために広がり，最初のパスアウトを受け取るためにオープンスペースで待機する。ガードは，ボールから遠ざかってはならない。
4. ボールをなるべく速くミドルレーンに進める。
5. 前方にパスコースが空いたなら，前にパスを出す。このパスをねらってプレーを止めてはならない。
6. 可能な限りボールを速く移動させる。
7. バスケットまでいっきに攻められなければ，一辺4～5mの三角形のポジションをとってとどまる。
8. ボールを保持しているプレーヤーは，ディフェンスを引きつける。
9. 相手をまどわせるようなボールハンドリングやプレーメイクをする。よく考え，しかも注意深くプレーする。
10. パスのしすぎはミスにつながる。無理なパスをせず，ショットのチャンスもねらう。
11. 1次局面で確率の高いショットができない場合は，トレーラーへのパスをねらう。
12. トレーラーとなったセンターは，ゴール下まで走り込む。
13. フリースローレーンに沿ってすばやくパスをまわす。このパスをまわしながら，得点できるチャンスをねらう。

第5章
ゾーン・ディフェンス
に対する
攻め

5

Theories in
Attacking
Zone Defense

1 ゾーン・ディフェンス 攻略のカギ
THE KEY TO ATTACKING ZONE DEFENSES

バスケットボールに興味のある者なら誰でも，ゾーン・ディフェンスが相手チームにどのように影響を与えるかに関心があるはずである。ゾーン・ディフェンスの是非は，これまでずっと議論されてきたが，それはバスケットボールがプレーされる限り続いていくだろう。

ゾーン・ディフェンスを論じるにあたって，いくつかの点を考慮しなければならない。ゾーン・ディフェンスは，あるエリアをまもることを原則としていて，ボールとバスケットの間のエリアに特に焦点があてられる。これは，エリアを問題とせずに，自分がマークするプレーヤーを追いかけるマンツーマン・ディフェンスとは対照的である。マンツーマン・ディフェンスの場合は，ボールよりも自分のマークする相手に焦点があてられる。

このようなゾーン・ディフェンスの原理は，単純化されすぎたものであり，この10年でゾーン・ディフェンスは大きく変化した。相手チームがおこなっているディフェンスがゾーンかマンツーマンかを，即座に判断するのが困難なときさえある。

ゾーン・ディフェンスの原則

❶──ディフェンスプレーヤーの注意はオフェンスプレーヤーよりもボールに向けられる

オフェンスプレーヤーへの注意よりも，ボールへの注意のほうが優先される。しかし，ボールと同時にオフェンスプレーヤーも視野に入れることができるようになれば，ゾーン・ディフェンスはより効果的になる。

❷──ディフェンスプレーヤーは決められたエリア，またはゾーンをまもる

オフェンスプレーヤーがひとつのゾーンから隣のゾーンに移れば，そのゾーンをまもっている味方プレーヤーがそのオフェンスプレーヤーをまもることになる。しかし，オフェンスが移動していくエリアが危険な状況にある場合は，自分のエリア外であってもヘルプに出る。

❸──ディフェンスプレーヤーはボールの動きに合わせてシフト[*64]する

ボールがパスされるたびに，ディフェンスのアラインメント[*65]が崩れることになる。ボールとオフェンスプレーヤーの両方を視界に入れるために必要であるが，特にゾーン・ディフェンスではボールへ注意を向けるこ

とに重点がおかれる。

　ディフェンスは，ボールとバスケットの間での決められたポジションを維持する。このポジションをキープするために，パスに合わせてシフトするのである。どのようにシフトするかは，ゾーンの種類，オフェンスのねらい，相手チームの長所と短所によって決まってくる。

　このシフトの仕方はゲームごと変わってくるし，ときには同じゲームの途中で変えられることもある。オフェンスのスタイルとその弱点によって変えていくのである。これがゾーン・ディフェンスのカギである。効果的なゾーン・ディフェンスであるためには，特定な状況に対応できなければならない。ディフェンスは，必要に応じて柔軟に変化するのである。

❹──ディフェンスにおいては，味方同士が補い合う

　すべての優れたディフェンスチームは，この原則をしっかり守っている。ディフェンスは，パスを予測し，ときにはスティールのためにギャンブルすることもある。これが失敗した場合，そのプレーヤーは，ギャンブルしたプレーヤーのつくった穴を補い，彼がリカバーするまでヘルプにまわらなければならない。ディフェンスはボールに対してヘルプし，ボールとバスケットの間のエリアをカバーすることに集中する。

❺──ボールを持つオフェンスプレーヤーにプレッシャーをかける

　アグレッシブな姿勢はディフェンスにとっては欠かせない要素となる。優れたディフェンスとは，相手のしたいことをさせないディフェンスである。自由にパスをまわさせないことで，相手の落ち着きとリズムを崩す。それによって，オフェンスがプレーを組み立てたり，フリーの状態でシュートすることができなくなる。オフェンスは攻めを焦るようになり，この状況でうまくボールがまわらなければ，ディフェンスの餌食となるだけである。

　自由にパスまわしをさせては，グッドショットを阻止することはできない。このようなディフェンスは，ギャンブルに出るのが精一杯で，あとは相手のショットがはずれるのを待つだけとなる。

＊64．シフト[shift：移す，変える] プレーヤーがポジションを変えること。　＊65．アラインメント[alignment：整列，位置づけ] 2-3，1-3-1など，コートにおけるプレーヤーの配置，あるいは隊形のこと。

ゾーン・ディフェンスの特色

　ゾーン・ディフェンスは，アウトサイドショットの得意なチームに対して用いることもできる。味方プレーヤーがボールを見てサポートしてくれるため，より積極的にボールにプレッシャーを与えることができる。これにより，アウトサイドショットが得意なチーム，特にジャンプショットだけしかできないプレーヤーを揃えたチームは，アウトサイドからのショット以外のプレーをしなければならなくなる。

　正しくおこなわれるゾーン・ディフェンスは，チームワークを向上させることができる。自分たちよりも強いチームに勝つ機会を得ることもできる。ゾーン・ディフェンスは，ただ単に少し下がってオフェンスにショットを打たせるだけのおもしろくないディフェンスではない。ゾーンを用いると，マンツーマンをおこなったときより試合がスローになるということもない。むしろ，ゾーンをファストブレイクと組み合わせて使うなら，スピードある試合展開が可能になるのである。

　これらの特色を考え合わせると，なぜゾーン・ディフェンスを攻略するのが難しいかがわかる。例えば，ディフェンスプレーヤーが自分のエリアを出て，より弱いエリアにヘルプにまわるときに，マンツーマンの原則を適用することがある。自分のまもるべきエリアにこだわることなく，弱点となるエリアにいるオフェンスをノーマークにしないようにまもることができるのが優れたディフェンスである。

　マンツーマン・ディフェンスであっても，ゾーン・ディフェンスの要素がまったく入っていないものは，今日のバスケットボールでは考えられない。それと同じように，マンツーマンの要素が入ってないゾーン・ディフェンスも有効であるとは思えない。

　ゾーン・ディフェンスをルールで禁止するのは極端な話である。ゾーンを使われないようにしたいなら，ゾーン・ディフェンスを攻略することである。ゾーン攻略の最良の方法は，その状況によって変わる。両チームのメンバー，ゾーンの種類，プレーヤーの身体能力などである。これらの攻略法は，違いを明確にするために別々なものとして論じられるが，実際には，ここにあげた攻略法をもとにして，さまざまなゾーンに対するトータルな攻略法をつくり上げるべきである。その中で，状況に応じて，1つの方法に重点をおけばよい。

2 ゾーン・ディフェンスの攻め方
ATTACKING ZONE DEFENSES

🏀 ファストブレイクからの攻め

「ゾーンはファストブレイクに弱い」。これは，バスケットボール誕生以来ずっと変わることがない。速いテンポで攻めるチームは，ディフェンスがゾーンを組む前にショットチャンスをつくることができる。速いテンポだと，たとえファストブレイクの１次局面でショットチャンスが得られなくても，セカンダリーブレイクをセットアップできる。だからこそ，ファストブレイクの練習をチームとしておこなうことが重要になる。

ファストブレイクの能力が高まれば，それだけゾーンを心配する必要もなくなる。ゾーン・ディフェンスは，ファストブレイクが得意なチームに対しては使うべきではない。逆に，ファストブレイクを多用しないチームには，ゾーンを組む時間に余裕ができるので効果が高くなる。

🏀 原則的な攻め方

ゾーンに対するオフェンスパターンのポイントは，あるエリアをオーバーロード[*66]し，その結果生まれるオープンエリアへカットすることである。ゾーン・ディフェンスとマンツーマン・ディフェンスに共通する要素があるということは，攻略法にも共通する点があるということになる。

オフェンスは，ディフェンスに応じてその攻め方を決める。どこにオープンエリアができるかは，ディフェンスのタイプによって変わるからである。ディフェンスに対してオフェンスがどれだけうまく適応できるかがオフェンスのカギとなる。決まりきったセットプレーが有効な場合もあるが，それはディフェンスがそのセットプレーを知らないときに限る。一度パターンを知ったディフェンスは，プレーを予測することができ，プレーのキーとなるパスを防いだり，シュートしようとするエリアをまもることが可能になる。オフェンスは，どんな種類のディフェンスにも対応できるような柔軟さを持っていなければならない。優れたオフェンスは，どんなディフェンスに対してもよい結果をだすことができる。ディフェンスがどのよ

---

*66. オーバーロード[overload:負荷をかけ過ぎる] ある場所において人数の上で優位になるために，ディフェンスプレーヤーの数よりも多くオフェンスプレーヤーを配置させること。

うなことをやってきても，それに対処する有効なオプションは自動的に決まってくる。ディフェンスに応じてそのオプションが決定されるので，あとはそれをタイミングよく確実に実行することを考えればよい。

　トライアングル・オフェンスにおける４つのシリーズのオプションをうまくあてはめることによって，この理論がより具体的になってくる。特にオーバーロードをつくり出す方法に注目してほしい。ディフェンスはオーバーロードがどこにできるのかを認識しづらくなるのである。

🏀 フリーランス*67アタック

　先に述べた通り，型にはまりすぎたゾーン攻略にならないことが重要である。それはつまり，個々のプレーヤーがそれぞれ状況判断をしてプレーをおこなうことが重要だということである。ゾーンのウィークポイントを見つけたプレーヤーはそこへカットする。それによって，ディフェンスはカットしてきたプレーヤーをカバーしなければならなくなり，ディフェンスがヘルプにまわることによって，さらなるウィークポイントが生じる。しかし，オーバーロードの理論があまりに強調されすぎると，誤った結果を招くことも少なくない。フリーランスの攻めでは，パスやカッティングによってできたオープンエリアに動くことになる。そのように攻めれば，ディフェンスにとってパスを防いだりすることが困難になる。ボールがすばやくパスされ，確実にオフェンスが実行されれば，よいショットチャンスを得ることができるのである。

🏀 ディフェンスと同じアラインメントを使ったオフェンス

　ディフェンスが１-３-１ゾーンならば，同じく１-３-１オフェンスを使う。２-３ゾーンならば，２-３のオフェンスを使う。

　オフェンスシステムとして"ポジションバスケットボール"を徹底するという方法がある。このシステムは，基本的なオフェンスポジションからときどきカッティングなどをする以外は，ポジションを変えないものである。１対１の機会が生じるか，ディフェンスが下がることでショットチャンスが得られるまでボールをすばやく展開し続ける。このスタイルは，あ

---

*67. フリーランス[free lance:自由な立場の人] プレーヤーの配置や動きをパターン化するのではなく，例えば，スクリーン，カッティング，パッシングなどのプレーを状況判断によって適切におこなうこと。

る特定のディフェンスに対して非常に有効である（例えば，サギングマンツーマン）。これによって，ディフェンスは，ボールよりもオフェンスプレーヤーに注意しなければならなくなり，ゾーンがサギングマンツーマン・ディフェンスのような形になるのである。個人の能力を最大限に生かすようドリルを積み，それをチームセオリーと組み合わせてオフェンスをおこなうチームは，この"ポジションバスケットボール"を非常に有効に使いこなせるであろう。これは，個人，そしてチームのオフェンス能力を，相手の弱点に対して使うよい方法である。この方法を，トータルなオフェンスとしてではなく，全体のパターンの中の重要なパートとしてオフェンスに組み込んでほしい。このシステムによって，試合中に相手がディフェンスの種類を変えても，意味をなさなくなる。このシステムは，すべてのポジションのディフェンスにプレッシャーを与え，あるエリアや1人のオフェンスプレーヤーだけに注意を払うことができなくなるからである。

このアラインメントの目的は以下のとおりである。
(1) 1対1の状況をつくる。ディフェンスは，自分のゾーンにいるオフェンスをカバーしなければならないため，1対1の状況が生じる。オフェンスは，この1対1の状況を有効に活用すること。特に，特定のエリアでこれを用いたり，マンツーマン・ディフェンスの基礎が備わっていないチームにこれを使うと有効である。
(2) ディフェンスの弱点をつく。特にディフェンスが下がったことでオープンになるプレーヤーにパスを出す。
(3) 高さやクイックネスを最大限に利用する。

🏀 ディフェンスと逆のアラインメントを使ったオフェンス

ディフェンスが1-3-1ならば2-1-2か2-3（図131〜132），ディフェンスが2-3か2-1-2ならば1-3-1のアラインメント（図133〜134）で対処する。すなわち，ディフェンスのギャップ（隙間）やオープンエリアでプレーすることによってオーバーロードをつくりだすのである。ディフェンスはショットチャンスをつぶすため

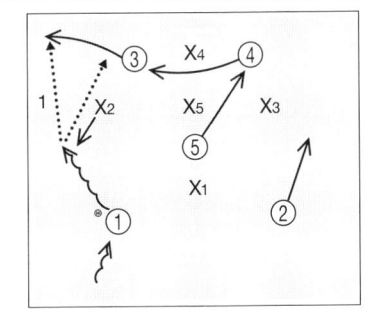

図131

にプレーヤーは位置どりを調整せざるを得なくなり，オフェンスもそれに対応して変化していく。ディフェンスはどう対処するべきか困惑してしまい，その結果，ほとんどの場合，ゾーンはやむなくマンツーマン・ディフェンスの形になる。

　ディフェンスと逆のアラインメントによってオーバーロードができ，それに応じてディフェンスプレーヤーの配置が変化した場合，結局はオフェンスと同じアラインメントに変わることになる。ここからオフェンスはパスをまわし，移動してさらなるオーバーロードをつくる。ディフェンスがオフェンスの変化の速さに最後までついていくことはできないので，最後にはよいショットチャンスが生まれるのである。

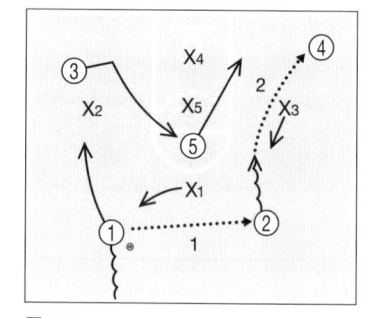

図132

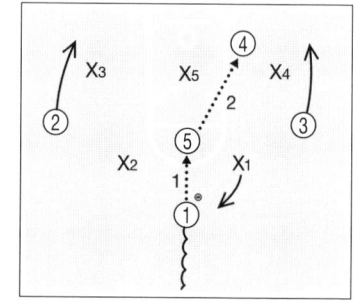

図133

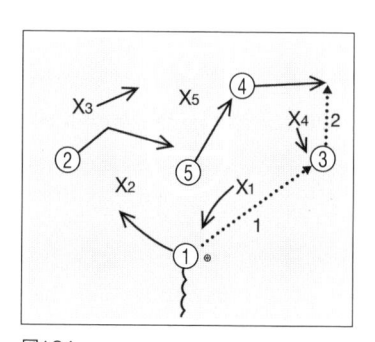

図134

さまざまな方法を合わせたセットオフェンス

　さまざまなオフェンスがある中で，すべての種類のディフェンスに対して1つの基本的なオフェンスを使うことが望ましい。ということは，本書で述べているさまざまな方法を1つにまとめた基本的オフェンスをつくることができれば理想的である。そのようなオフェンスにおいてディフェンスは，どこかでマンツーマン的なまもり，あるいはオーバーロードの状況を強いられることになる。

　また，ボールとプレーヤーの動きはうまく機能し，ディフェンスはたえず，オフェンスをカバーするために位置どりを変化させなくてはならなくなる。ディフェンスプレーヤーが位置を変化させることによってできるオープンエリアを，オフェンスは有効に使うのである。オフェンスのオプションは，常にディフェンスの反応の仕方によって変わる。基本がしっかりしたオフェンスとは，ディフェンスの動きによってできたオープンエリアを攻めることができるオフェンスのことである。

　基本的なオフェンスのアラインメントは2-3である。しかし，これが1-3-1になったり，また2-3に戻ったりして常に変わり続けると，ディフェンスは対応しなければならず，ディフェンスにプレッシャーをかけることができる。そのためには，本書で述べるさまざまな方法をあわせて利用することである。

2-3ゾーンに対する2-3のオフェンスアラインメント

　次の図は，ゾーンに対してどのようにオフェンスが機能するかを示している。

❶──すばやいパスまわし

　図135のように，ディフェンスのプレーヤーはそれぞれ，自分がまもるべきエリアにいるオフェンスプレーヤーをカバーする。オフェンスはすばやく，正確にパスをまわし，ポジションを保つ。ゾーンが反応するより早くボールをまわすことができれば，アウトサイドからのショットチャンスを生み出す

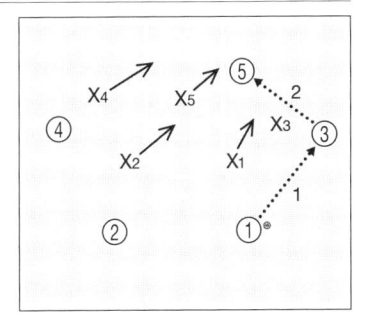

図135

ことができる。また，この方法を用いればどのポジションからでも1対1の状況をつくることができる。

❷──オーバーロード

図136のように，ディフェンスプレーヤーがそれぞれのエリアにいるオフェンスプレーヤーをカバーしている状態から，ガードの1人が動くことでオーバーロードができる。これによって，オフェンスアラインメントは1-3-1になる。ベースラインへと移動した①をカバーするため，ディフェンスはアラインメントを変化させる必要が生じる。オープンエリアができる場所は，ディフェンスがこれにどう反応するかによって変わる。

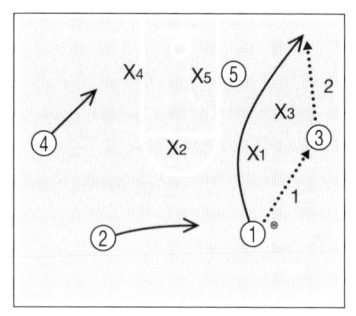

図136

❸──ウィークサイドへの展開

図137～138のように，ディフェンスが，X_3をスライドさせて①をカバーし，X_1が③をカバーするように動いたとする。この状態では再びマンツーマン的な状況ができていることになる。ゾーンは，ボール，およびボールとバスケットの間にいるオフェンスプレーヤーに重点をおいてまもるため，トップにいる②はオープンになる。③は②にパスをし，それと同時に④はウィークサイドからピンチポスト[*68]の位置に移動する。②は④にパスし，カットオフの動きをおこなう。③はバスケット付近に移動し，①はトップに戻る。②と④は，ディフェンスが下がることによってできるスペースを攻め，

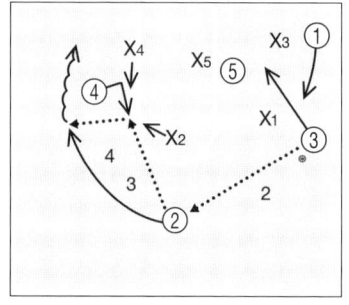

図137

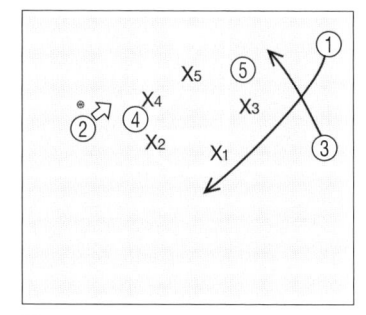

図138

ディフェンスがマンツーマンでまもるように強いるのである。②はノーマークでミドルショットを打てるが，X_4がそれを防ごうとすれば，④がバスケットへロールしてリターンパスを受ける。X_5がそのヘルプに行けば，⑤がバスケット下でフリーになる。

　シュートできなかった場合，図139のように，②はコーナーへ開く。④は，フォワードの位置につき⑤がボールのあるサイドへ移動する。これでオフェンスはサイドチェンジをおこなったことになり，ここからまた，ディフェンスのオープンエリアを攻める。忘れてはならないのは，ディフェンスの反応の仕方によってオープンエリアができるということである。オフェンスのオプションは，どのような状況が起きるかによって変わってくる。ここに示した図は，起こりうる状況の1つにすぎないのである。

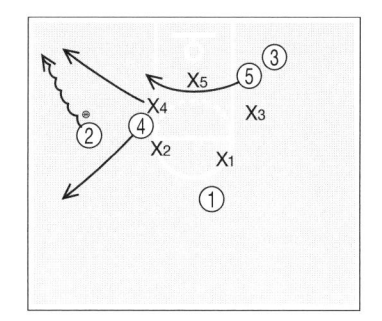

図139

＊68. ピンチポスト P.19参照。

3 ゾーン攻略のポイント
ATTACKING ZONE DEFENSES POINTER

❶──確実なセットショット

通常のフォワードポジション，コーナー，トップからのショットを特に練習する。ベースラインからのジャンプショットも練習に含まれるべきである。

❷──確実なチェストパスとパスフェイク

ゾーンは，ボールをまもることに重点をおいているためフェイクにかかりやすい。

❸──身長の高いディフェンスをゴールから遠い位置におびきだす

ディフェンスをマンツーマン・ディフェンスの状況にさせ，身長の高いセンターにマークされているオフェンスプレーヤーをコーナーに移動させることによって，これが可能となる。

X_5が相手チームの最も身長の高いプレーヤーである。図140のように，そのプレーヤーをバスケット下から誘い出すために，⑤をコーナーに移動させ，⑤にパスを出す。X_5が⑤のショットを防ぐためアウトサイドに動くのに合わせ，④がローポストのエリアへ移動する。X_5が⑤のショットを止めなければ，たとえ⑤のショットが失敗しても，④がX_5をブロックアウトしてリバウンドをとってしまう。このため，一度アウトサイドに出たX_5は，④をまもるためにローポストに戻ることができなくなる。

図141のように，ディフェンスのアラインメントがX_5を中心におくものであれば，④が最初のパスでコーナー

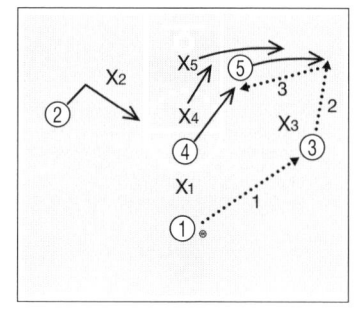

図140

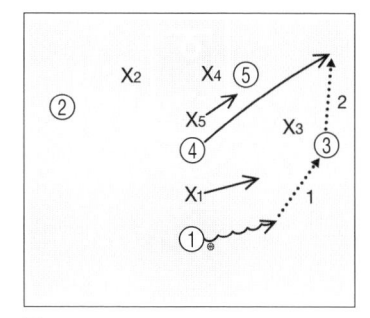

図141

へ出る。X_5がそのカバーに出ようとすれば、⑤のスクリーンにかかる。X_5がコーナーへ出てこなければ④がフリーでショットを打つことができる。

図142は、もう1つの方法である。①がディフェンスX_1をおびきだすためにドリブルしてサイドへ移動する。X_1がそれについて行かなければ、③はベースライン方向へ移動してX_3を引き寄せ、①がそのままペネトレートする。④はトップに移動して、①からパスをもらってショットをねらう。②はX_5とバスケットの間に入り込む。

特定のディフェンスプレーヤーを誘い出す方法はたくさんある。これらは、重要なポイントを示すための1例である。

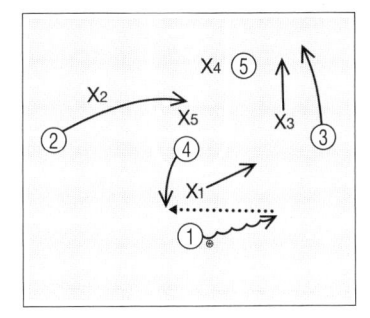

図142

❹──フェイクとドライブを有効に使う

オフェンスは、ゾーンに対して、フェイクをすることでバスケットへドライブすることができるが、ディフェンスがカバーに出てくることに注意しなければならない。ドライブする場合はコントロールを保ち、ディフェンスの動きの変化を予測する。ディフェンスがカバーに出てきたら、ショットをおこなうか、ディフェンスのアラインメントが崩れたことによってオープンになった味方プレーヤーにすばやくパスを出す。ゾーンではディフェンスの注意がボールに行き、オフェンスプレーヤーに注意を払っていないことが多いので、フェイクとドライブを有効に使うことによってアウトナンバー[*69]の状況ができる。しかし、ドライブする際は、細心の注意を払うようにし、決して無理をしないようにする。

[*69]. アウトナンバー[to get numbers on the defense] 有効な攻撃が展開できる場所で、オフェンスがディフェンスよりも人数的に多く、有利な状態のこと。

❺──逆サイドへのロングパスを有効に使う

ゾーンがオーバーロードされたエリアをまもるため,完全に片側に寄ってしまったときには,逆サイドへのロングパスが有効になる。それは,ロブではなく,高くすばやいパスでなければならない。

❻──無理なショットを打たない

ゾーンを攻めるときは落ち着いて,我慢強くなければならない。

❼──オフェンスリバウンドをねらう

リバウンドについては,ゾーンではボールを中心にまもるため,ショットに際してスクリーンアウトがおろそかになることが多い。オフェンスは,飛び込んでリバウンドに行き,連続してショットチャンスを得られるようにすべきである。オフェンスリバウンドが,ゾーンに対する最も強力な武器であることが多い。オフェンスリバウンドがとれれば,ゾーンの内側からリバウンドショットが打てるからである。さらに,バスケット下でのリバウンド争いが,相手チームのリバウンドからの速攻を防ぐことにもなる。

❽──ディレイゲーム[*70]ではディフェンスを外におびき出す

試合でリードしていてディレイゲームをおこなうときは,ボールを急いでパスせず,しばらく持ったままでいても構わない。これは,ハイスコアでの試合を得意とするチームを焦らせ,通常のゾーンのディフェンシブポジションから外におびき出すのに最もよい方法の1つである。しかし,この方法を用いるのは,それがチームのゲームプランである場合のみに限る。

---

*70. ディレイゲーム[delay game/delay:遅らせる] 攻撃に時間をかけるゲーム戦術。リードしているときやゲームを時間的にコントロールしたいときに使われる。

第6章
プレス・ディフェンス
に対する
攻め

6

Attacking Pressing Defense

1 プレス・ディフェンス攻略のカギ
THE KEY TO SUCCESSFUL ATTACKING PRESSING DEFENSES

プレス・ディフェンスのタイプ

プレス・ディフェンスとは，以下のうちの1つ，もしくは複数を組み合わせたディフェンスをいう。

① フロントコートでの激しいマンツーマン・ディフェンス
② フロントコートでの激しいゾーン・ディフェンス
③ ハーフコートライン付近でのプレス
　a．ストレートマンツーマン[*71]
　b．チェッキングマンツーマン[*72]
　c．ゾーン
④ スリークォータープレス[*73]・ディフェンス
　a．ストレートマンツーマン
　b．チェッキングマンツーマン
　c．ゾーン
⑤ フルコートプレス[*74]・ディフェンス
　a．ストレートマンツーマン
　b．チェッキングマンツーマン
　c．ゾーン

---

*71. ストレートマンツーマン[straight man-for-man] 自分がマークするプレーヤーを換えないマンツーマン・ディフェンスのこと。スクリーンの際のスイッチ（スクリーンに際してマークするプレーヤーを交換すること）はおこなわない。　*72. チェッキングマンツーマン[checking man-for-man] バスケットボールの用語としての"check"は，「敵を止める（check off）」という意味で使われる場合が多いが，ここでは「マークするプレーヤーを換える」という意味。すなわち，チェッキングマンツーマンとは，状況に応じて自分がマークするプレーヤーを換えるマンツーマン・ディフェンスのこと。スクリーンの際には，スイッチによってマークするプレーヤーを交換する。　*73. スリークォータープレス[three quarters court press] ボールがインバウンドされてからプレッシャーを与える。　*74. フルコートプレス[full court press] 最初のインバウンドパスからプレッシャーをかける。

プレス・ディフェンスを使う目的

プレス・ディフェンスは，次の目的で使われる。

①オフェンスの通常のタイミングとポジションニングを崩すことによって，いつもと違うスタイルでプレーさせる。

②オープンエリアをつくり出し，サイズよりもスピード，クイックネスが生かせるゲーム展開にする。

③相手チームのミスを誘い出し，得点チャンスを生み出す。これによって，ディフェンスが最大の攻撃手段になる。

④後半で負けているゲームにおいて，追いつこうとする場合

相手のチームがプレスの対処法を持っていなければ，プレス・ディフェンスは圧倒的な威力を発揮する[75]。ボールハンドリング，パス，カッティング，フットワーク，そしてボディバランスといった基本的な技術の欠けたチームは，攻撃的なプレス・ディフェンスに対して非常にもろい。

しかし，すばやい動きの中で確実にプレーをおこなうことができれば，オフェンスがプレス・ディフェンスを逆手にとって自分たちに優位なゲームを展開できる。これに気づくことで，プレスを攻略する上での落ち着きと自信を得ることができるのである。

プレスの威力が発揮されているということは，プレスをされているほうからすれば侮辱以外の何物でもない。プレスの効果は，プレスされているチームのボールハンドリングなどの基本的なスキルの欠如と大きく関わっているからである。それらの基本的なスキルがあり，スピードもあるチームは，プレスされても苦もなく対処することができる。これはファストブレイクの項目でも触れたが，ここでもその重要性を繰り返しておく。

---

[75]. これまで，数々のすばらしいチームによってプレス・ディフェンスは有効に使われてきた。1959年，ピート・ニューエルが擁するカリフォルニア大学は，プレス・ディフェンスをうまく使い，NCAAチャンピオンになり，その翌年も準優勝という成績をおさめた。ウェストバージニア大学は，カリフォルニア大学が優勝した年のファイナルでゾーンプレスを使い，大接戦を演じた。フォグ・アレンがコーチしたカンザス大学は，1952-53シーズンにビッグ7のタイトルを手に入れ，ファイナルでインディアナ大学に1点差で敗れたが，ミドルコートプレスを有効に使い，相手を窮地に追い込んだ。フィル・ウールパートがコーチし，ビル・ラッセル，K.C.ジョーンズを擁するサンフランシスコ大学は，ミドルコートプレスを使い，2度のナショナルタイトルを手にした。これらは，プレスの持つ威力を示すほんのわずかな例にすぎない。

プレス・ディフェンスを攻めるポイント

　プレスの攻略法は，ゾーンでもマンツーマンでも同じである。はっきりとしたオフェンスパターンを組むことはない。要点は，ボールを一方のベースラインからもう一方へと運ぶことにある。ファストブレイクの得意なチームをつくるには，混み合ったエリアからボールを出して，早くボールを運ぶことを繰り返し練習すべきである。パスをスティールしようとしているディフェンスの背後にカットした味方プレーヤーへパスすることで，ディフェンスラインを越えることができればさらによい。ディフェンスが，カットされたエリアをまもるため後ろへと下がれば，そのままドリブルで進めばよい。アウトオブバウンズからプレスされているときも同じ原則が適用される。

　相手チームが使うディフェンスのすべてを事前に想定することは不可能である。そのため，試合で直面するディフェンスのスタイルに対処する能力が必要になってくる。それを可能にする唯一の方法は，さまざまなプレッシャーに対する基本的なスキルの練習を繰り返しおこなうことである。ファストブレイクの練習を絶えずおこなうと，フルコートをカバーするディフェンスを楽に打ち破る力をつけることができる。ここでの注意点は以下に示すとおりである。

1. 落ち着いてプレーする。これは，速く動きながら確実にプレーできるようなドリルを長時間おこなうことで可能になる。ここでいうスピードとは，コントロールされたスピードのことである。積極的な良いディフェンスに対しては，ミスを犯すこともあるだろうが，パニックに陥ってはならない。パニックになれば相手の思うツボである。たとえ一度か二度ボールを奪われても，早く攻めることでアウトナンバーをつくり，何度も簡単に得点できるはずである。プレッシャーをかけてくるディフェンスに対し，それ以上のプレッシャーをオフェンスから与えるのである。

2. ゴールまでいっきに攻め込んで，ディフェンスにプレッシャーを与え続ける。ハーフコートを越えたら，いったん止まってセットプレーに持ち込むという考え方もあるが，それを鵜呑みにして実行してはならない。むしろそれは，ディフェンスが最も望むことである。すなわち，そうすることによってディフェンスを立て直す時間を与えることになってしまうからである。アウトナンバーをつくり出すように攻め続ける。それができれば，バスケットから近い位置での高確率のショットが打てるよう

になる。しかし，無理なショットには持ち込まないことである。
3. ボールを前に出せなくなった場合には，逃げ道として**セーフティプレー**[*76]を試みる。これは，ボールの後ろに1人置くか，その位置に誰かが動けるようにしておき，前に進めなくなったら一度背後にいる味方にパスしてカットするというプレーである。
4. オフェンスでボールを保持したら，まず前を見る。パスができるならばドリブルをしない。パスができない場合，プレス・ディフェンスを無効にする最良の方法は，すばやいドリブルでダブルチームのトラップをかわして前に進むことである。このトラップを破れば，アウトナンバーができてオフェンスが有利な状況になる。それを可能にするため，ドリブラーはパスコースができるまで，スピードを落とさずにドリブルして前へ進む。前へのパスコースができたらパスを出し，リターンパスをもらえるようにそのままカットする。これはファストブレイクと同様の状況である。
5. ディフェンスはバックコートでスティールをねらいながら，同時にバスケット下をまもることはできない。もしそれができるとしたら，ディフェンスがよいからではなく，オフェンスの基本技術の欠如からくるものである。オフェンスがディフェンスのねらいを見きわめ，それに対して基礎に基づいたプレーで確実に対処できれば，逆にプレス・ディフェンスにプレッシャーをかけて破ることができる。
6. すばやく強いパスを出すこと。ロブパスは，どんな状況でも使ってはならない。高い位置への正確なパスは出してもよいが，高いロブパスは禁物である。
7. オフェンスのフォワードとセンターは，ゴールに向かって走り続けることで自分のエリアにいるディフェンスにプレッシャーを与える。また，ガードが助けを必要とするときにはいつでも，**カウンター**[*77]の動きで上がる準備をしておく。カウンターには，まずボールサイドのフォワードが上がる。カウンターに上がったプレーヤーは，パスを受けるまでパッサーに向かって進む。ボールからおよそ4～5mの距離まで進んでも

---

*76. セーフティプレー[safety valve/valve：弁, バルブ] オフェンス時に攻撃が展開されているエリアよりも後ろに位置し，インターセプトなどの突然のボール所有の交代（相手チームの逆襲）に備えること。 *77. カウンター P.3参照。

パスが来なければ方向転換して，ロングパスを受けるためバスケットに向かって走る。

　フォワードが方向転換をした場合，今度はセンターがボールの方向へ上がる。これがフロントコートへの第2のパスチャンスとなる。カウンターの上がり方は，フォワードの場合とまったく同じである。センターがボールをもらえず方向転換してバスケットへ向かった場合，フォワードは再びオープンエリアへ上がれるよう用意をしておく。

　オフェンスのフロントラインのプレーヤーは，ガードが助けを必要としない限り，ゴールに向かって走り続けること。この動きによってディフェンスにプレッシャーがかかる。またこのように動けば，ガードが第1線のディフェンスを突破しても，バックラインのディフェンスがすぐにカバーに出ることができなくなる。カバーに行けば，バスケット下にフリーのオフェンスを残すことになるからである。ディフェンスがボールを持っているプレーヤーを止めに来たなら，前方でオープンになったオフェンスプレーヤーへのパスができる。

8.　直線的なカッティングをおこない，クロスするカッティングは避けるようにする。これによって，ディフェンスは効果的なダブルチームができなくなる。この動きに対して相手がダブルチームしてきたら，すばやく正確なパスを出すだけでこれをかわすことができる。ボールを早く前に出すと，あっという間にアウトナンバーをつくることができる。

　ダブルチームの状況では，後方にいる味方プレーヤーへのパスが最もよいセーフティプレーの方法となる。セーフティとなるプレーヤーが，ボールからやや後方の，4〜5m前後離れているポジションにいれば，パスのインターセプトをねらうディフェンスの守備範囲外になる。セーフティパスを受けたプレーヤーは，即座にコート前方でオープンになっているプレーヤーを探すか，パスコースができるまでドリブルでボールを運ぶ。

9.　プレス・ディフェンスに対しては，パターン化されたセットプレーをおこなわない。そのような攻め方をすると，ディフェンスはパスコースやプレーを予測してまもることができるようになる。基本的なフォーメーションを用意するのはいいが，あくまでディフェンスの反応によってオプションを変えていくようにしなければならない。

10.　マンツーマンプレスに対しては，センターとフォワードが先にフロン

トコートに入り，ボールを運ぶガードにスペースを与える。

　ウィークサイドのガードがクリアアウトする方法は，ドリブルが非常にうまいプレーヤーがいれば有効である。この方法は，ドリブラーがよほどしっかりしていないと，ゾーンプレスに対しては危険である。しかし，レベルの高いドリブラーがいれば，1人でゾーンプレスを打ち破ることができる。これは，1人のプレーヤーに負担がかかりすぎるので，一般的にすすめられる攻撃法とはいえない。ゲーム全体を考えれば，5人の攻略がより有効である。1人のプレーヤーに頼りすぎると，ゲームの後半にそのプレーヤーが疲れたとき，困ったことになる。

2 | 基本的な プレス攻略法
ATTACKING PRESSING DEFENSES

🏀 基本的なフォーメーション

　図143のように，①はボールをすばやく，しかしあわてずにインバウンド[*78]のポジションに持っていく。まず①はロングパスを出せるように構え，前を見る。③，④，⑤は，バスケットへ向かって走るが，このときボールから目を離さないようにする。ロングパスは，前を走るプレーヤーがディフェンスを完全にふりきっていない限り投げてはならない。

　②は，①からすばやくパスがもらえるようなスペースをつくってポジションにつく。ピックアップされていない状態で①からのパスを受けることができれば，②はディフェンスが体制を整える前にフロントコートにボールを運ぶことができる。オフェンス全員がポジションにつくのを待って，ゆっくり②にインバウンドすべきだと言うコーチもいるが，②へのパスが遅れれば遅れるほど，よいポジションにつく時間をディフェンスに与えることになる。オフェンスがスタートする前にディフェンスの体制ができ上がってしまうと，ディフェンス5人全員を相手にしなければならない状況になってしまう。

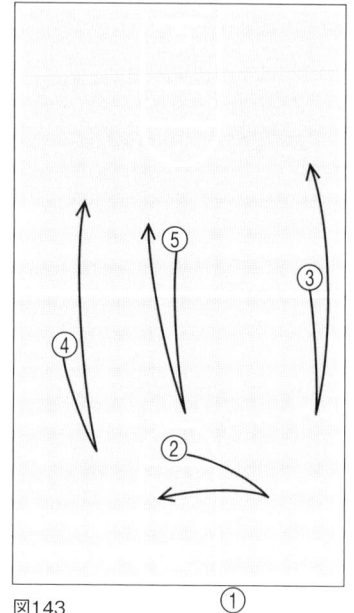

図143

---

*78. インバウンド[inbound] アウトオブバウンズの場所からボールをスローインすること。

①は，常に落ち着きを持ち，確実なパスコースができるまでパスしてはならない。②がすぐにパスすることができない場合は，③と④がパスを受けるために戻り，②はバスケットへと向かう。③，④，⑤は，オープンエリアへとカットする。この動きはオープンエリアの場所によって変わるため，決められた動きとはならない。例えば，⑤が，①または②からのパスを受けるためのオープンエリアを見つけたとする。⑤がパスを受けるためそのエリアに上がると同時に，③と④は，方向転換してバスケットへ向かう。もし③か④が，①あるいは②からパスを受けた場合，次にパスをもらおうと上がってくる⑤を見る。③か④は，⑤にパス（5～6m）を出し，①または②は，コート前方へ早いスピードで走り込む。もう一方のガードは，次のディフェンスのためのセーフティ，あるいはプレーが行き詰まったときにパスを受けるために，後方にとどまる。

🏀 フォワードへのパスによる攻略

図144のように，①は②にパスし，その反対のポジションにカッティングして，②が次のパスを出すまでセーフティの役割を担う。③はパスを受けるためにボール方向へミートする。③は，②から4～5mの距離に近づいてもパスを受け取れない場合は，方向転換しバスケットに向かって走る。それと同時に，⑤が，②からのパスを受けに上がる。もし②が③へパスした場合，上がってきた⑤は，③からのパスを受ける。これらのパスは，高い位置でおこなわれるが，ロブパスであってはならない。④は，図に示すNo.3パスにともない向きを変える。②は，③へパスしたあと，すばやくバスケットへカッティングする。

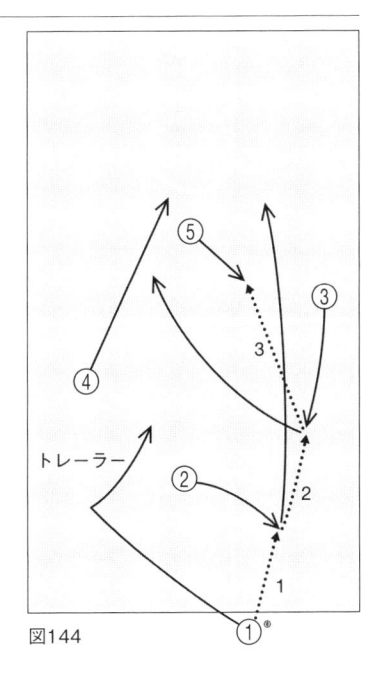

図144

センターへのパスによる攻略

図145～146は，センターへのパスによるプレス攻略の方法を示している。

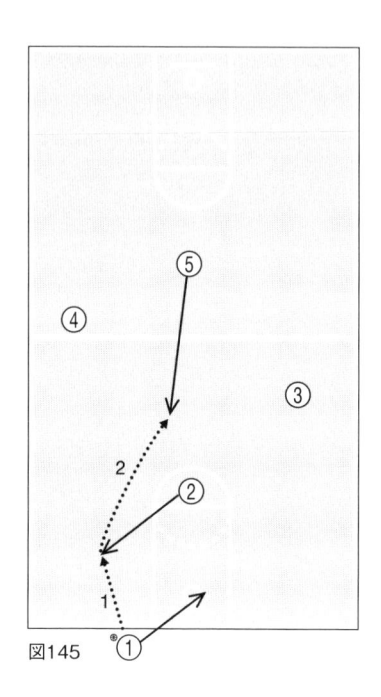

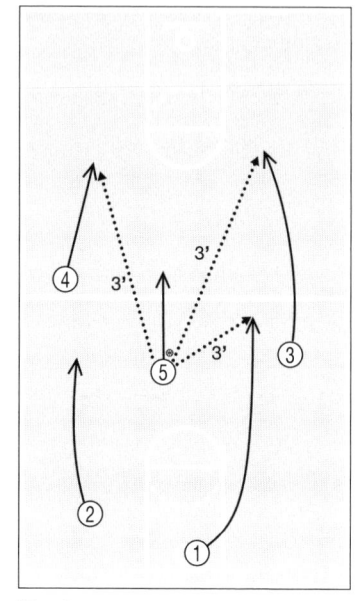

図145

図146

ベースラインからのインバウンド

図147〜150は、得点されたあとのベースラインからのインバウンドの方法を示している。

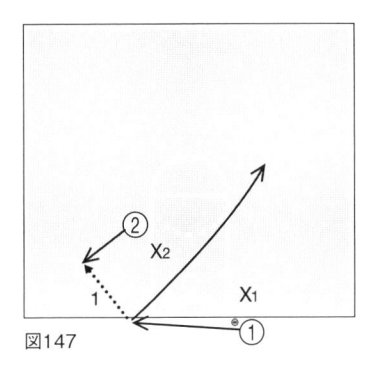

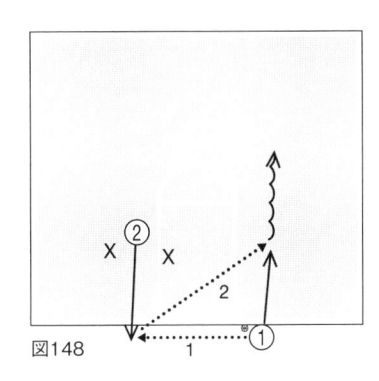

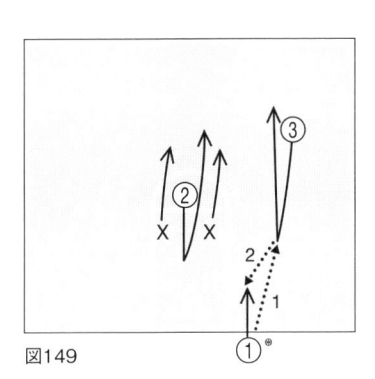

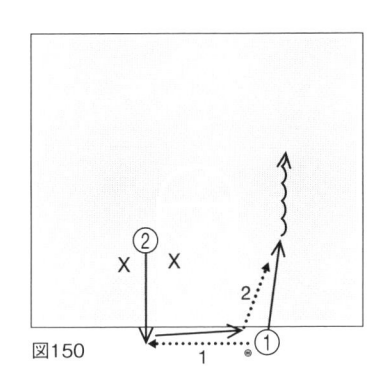

図147

図148

図149

図150

3 | パスとカッティングに重点をおいた プレス攻略法
THE PASS AND CUT GAME

1つの理論を適用することで，すべてのプレスに対する攻略ができる。練習では，すべてのタイプのプレスに対するドリルをおこなう。プレス・ディフェンスは，相手を混乱させるためと，ゲーム後半でリードされている場合，相手にディレイゲームをおこなわせないようにするために使われる。すべてのチームは，チームディフェンスのオプションとしてプレス・ディフェンスを持つべきである。そのためにオフェンス，ディフェンス両方の観点からプレスの練習に時間をかけることが必要になる。

　ミドルコート，もしくはスリークォーターのプレスに対しては，オフェンスのフォーメーション全体がコート前方に移動するので，プレーヤーが4〜5mのスペースを保ってプレーできるようにする。ガードがオフェンスを開始する時点で，フォワードは，ガードからのパスが4〜5mより長くならないようにポジショニングしなくてはならない。この距離は，プレスの種類にかかわらず保たれなくてはならない。

　センターのポジショニングも4〜5mの距離を保ち，フォワードの前方45°の角度になる。決まったパターンをプレーするのではなく，パスとカッティングに重点をおいたゲームをするほうがよい。ベースラインに向かうカットと，ベースラインから逆に外に出るカットをおこなう。以下は，パスとカッティングに重点をおいたプレス攻略法である。

🏀 ストロングサイドのフォワードによるクリアアウト

　図151のように，③は，逆サイドへクリアアウトする。このとき，バスケット下で一度止まってポジションをとる。⑤は，①からのパスをミートして受ける。①は，すばやくバスケットへカットする。そのとき①がフリーになったら，⑤は①へパスをする。もしフリーにならなければ，①はコーナーへクリアアウトする。⑤は，ポストの深い位置にいる③へのパスをねらう。こ

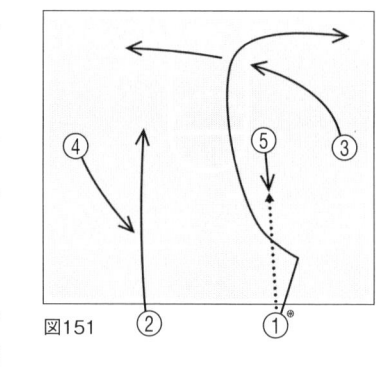

図151

の間，⑤は，ボールを頭の上に両手で保持する。

🏀 ガードのスクイーズ

図152のように，①は，⑤へパスし，②のディフェンスにスクリーンをかける。①はそこから，バスケット方向へカッティングしていく。スクリーンを利用してカットした②は⑤からパスをもらい，オープンスペースへドライブインするかジャンプショットを打つ。⑤は，②からのリターンパスをもらうためにロールする。

図152

🏀 ウィークサイドのガードによるクリアアウト

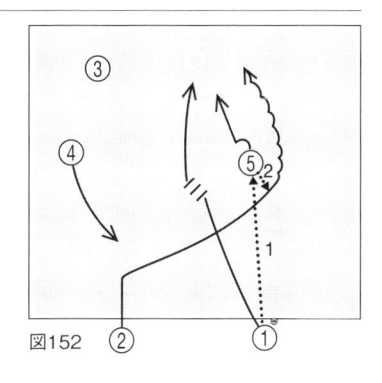

図153の動きは，ミドルコートからのプレスのダブルチームを防ぐために使われる。さらに，ミドルコート・ゾーンプレスで，オーバーロードをつくるためにも使われる。①にドリブルするスペースを与えるプレーである。

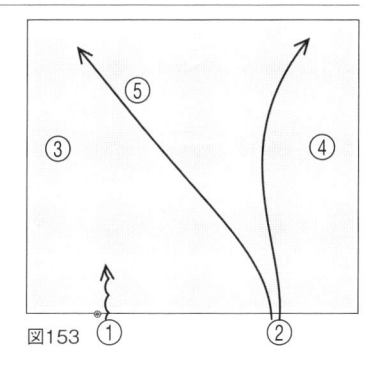

図153

🏀 センターのクリアアウト

図154のように，①は，⑤へパスする。③は，そのパスと同時にバスケットへカッティングして，⑤からのパスを受ける。

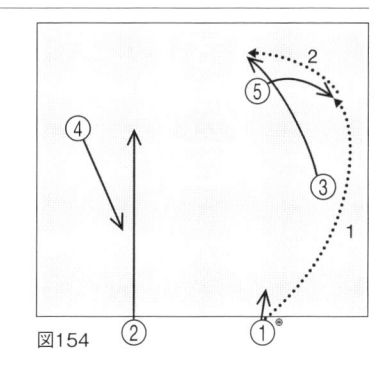

図154

ガードのハイポストへのスプリット

このオプション（図155）は，P.51でも説明している。

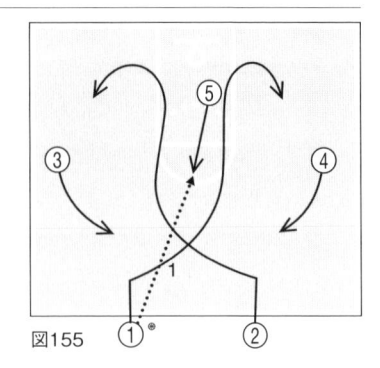

図155

ガードアラウンド，フォワードアラウンド

このオプション（図156）は，P.53でも説明している。

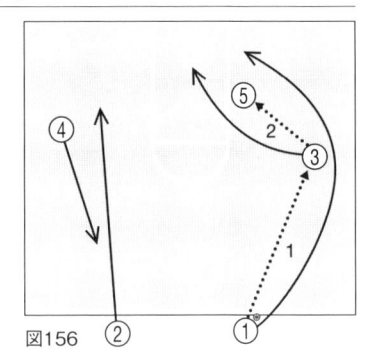

図156

フォワードの中継

❶──フォワードのリバースカット

図157のように，①は，ハイポストへカッティングしてくる④へパスを出す。ディフェンスX_3によってオーバープレーされている③は，①から④へのパスと同時にバスケットへとカッティングする。パスを受けた④は，カットした③へパスを出す。

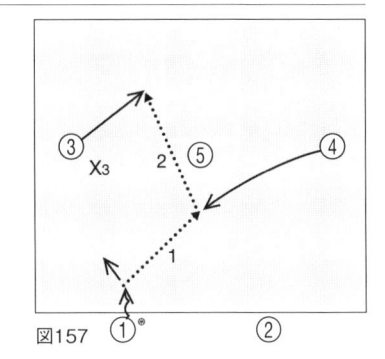

図157

❷——逆サイドのガードのカッティング

図158のように、③がカッティングしてオープンにならなければ、逆サイドですばやくカッティングしてくる②へパスを出す。

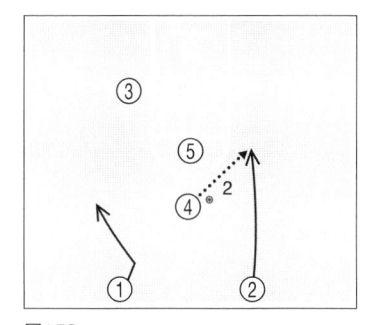

図158

🏀 フォワードのバックスクリーン

図159～160のように、③は、①のディフェンスにリアスクリーンをかける。①は、バスケットへドライブするか、ロールした③にパスをする。⑤は、バスケット下をオープンにするためにハイサイドにクリアする。

このプレーでは、①がハイポストへ上がってくる⑤へパスをしたあと、③のスクリーンを利用してバスケットへカットオフするオプションもある。

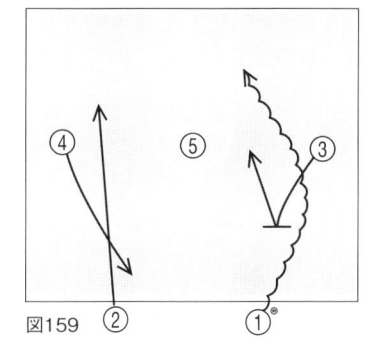

図159

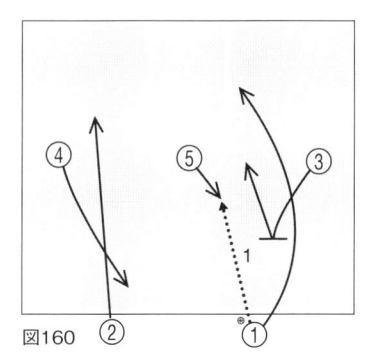

図160

4 ディレイとフリーズ
DELAY AND FREEZE GAMES

🏀 パスとカッティング

図161のように，①は，③にパスをする。③は，パスを受けるまで止まらずに上がってくる。パスしたあと①は，③からのリターンパスを受けるためバスケット方向へカットする。①がサークルのトップを通り過ぎたとき，⑤は，サークルから1〜2mのポジションまで上がる。

図162のように，③がドリブルして①のいた場所に戻り，⑤へパスすると同時に，②は，すばやくバスケットへカッティングする。④は，②のいた場所まで上がってポジションをとる。⑤は，バスケットへカッティングする②にパスを出すか，上がってくる④へパスをする。

図163のように，バスケット下のエリアまでカットした①と②は，プレーが始まったときにフォワードがいたポジションに戻る。④は，②にパスし，リターンパスをもらうためバスケットへカッティングする。②は，カッティングする④がフリーならばパスをするか，クリアアウトする⑤へパスをする。

このような一連の動きを続けておこなう。

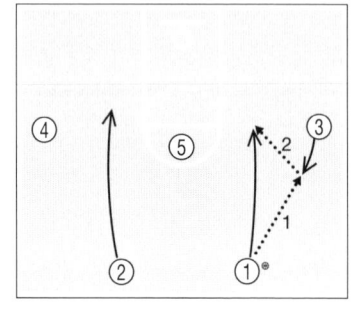

図161

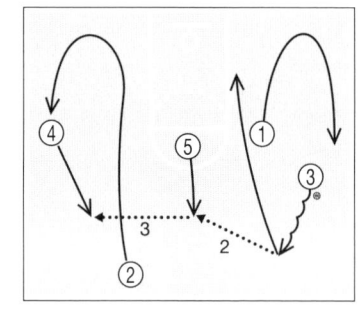

図162

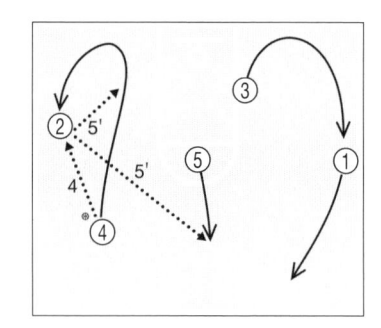

図163

🏀 3アウト2イン

　図164のように、①は、②にパスし、リターンパスをもらうためバスケットへカッティングする。②は、カッティングする①がフリーならをパスする。②は、トップの位置へドリブルで移動する。それにともない③は、②からのパスをもらうためバスケットの方向へカッティングする。④は③のいた場所へ、⑤は②のいた場所へ、①は⑤のいた場所へ移動する。

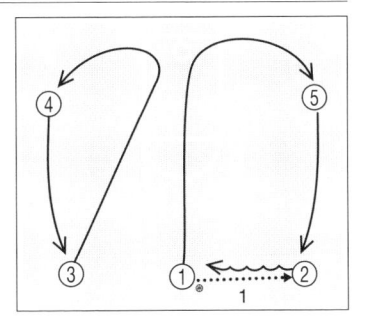

図164

　トップの位置へドリブルで移動した②は、④か⑤へパスすることができる。図165のように、②は④へのパスをすると同時にバスケットの方向へカットし、④はドリブルでトップへと移動する。また、それに合わせて⑤もバスケットへとカッティングする。①は⑤のいた場所へ、③は④のいた場所へ、①は⑤のいた場所へそれぞれ移動する。

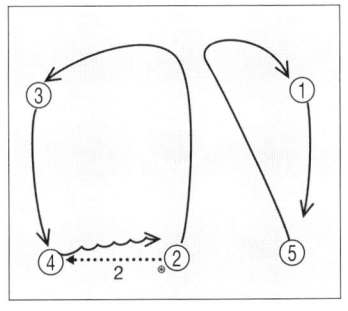

図165

　図166のように、このような一連の動きを続けておこなう。

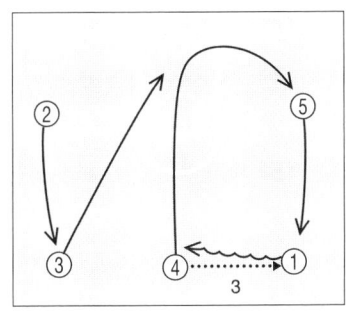

図166

　以上2つのディレイゲームにおける連続カットの練習は、シーズンが始まった約1カ月あとから、毎日10分から15分おこなう。この練習は、コンディショニング、タイミング、ボールハンドリング、パス、そしてカッティングに非常に有効である。ディレイゲームをマスターするには、多くの練習が必要であるが、それを習得することによって多くの試合に勝つことが可能となる。

第7章
ファンダメンタルの重要性

7

Body Balance, Dribbling, Shooting, Passing

1 ボディコントロール
BODY CONTROL

🏀 ボディバランス

　ボディバランス（平衡感覚）は，バスケットボールにおいて最も基本となるものである。バスケットボールのゲームでは，敏速なスタートとストップが頻繁に出現する。良いバランスを保ったままあらゆる方向にすばやく動き，すばやく止まる能力は，ゲーム技術を駆使する上での大前提となる。スピードは重要だが，それはコントロールされたスピードでなければならない。また，直線的な加速スピードよりも，すばやくスタートできる能力，すなわち，瞬発力が大切なのである。

🏀 基本姿勢

　動き出すのに最もふさわしい姿勢を基本姿勢[*79]という。両足の親指の付け根に等しく体重をかけ，つま先をまっすぐ前に向け，両足は開きすぎないよう肩幅くらいに間隔を保つ。膝を曲げてやや重心を下げる。また体を少しだけ前に倒して重心を軽く前に持っていく。背筋はほぼまっすぐ，頭と視線は前方に向ける。脇の下が広く空かないように腕を体に引き寄せ，両手はレディポジションに準備する。この姿勢からプレーヤーは，どの方向にもすばやく動くことが可能になる。これはボールのあるなしに関係なく，オフェンスの基本的な姿勢である。ディフェンスの姿勢もほぼ同じだが，ディフェンスでは手と腕をより防御的に使うことが異なる点である。

🏀 オフェンスフットワーク

　パスを受けたとき，あるいはドリブルを終えてボールを両手に持つとき，プレーヤーは常にワンカウント・ストライドストップ[*80]で止まらなければならない。これはオフェンスフットワークの実践における基本である。そして，このポジションからの基本的な動きは，すなわち，リバースピボット，フロントターン，リアターンの3つである。ピボットはバスケットボールのゲームで欠かすことのできない技術であるにもかかわらず，その技術はおろそかにされているようである。

[*79]. **基本姿勢** P.36参照。　[*80]. ワンカウント・ストライドストップ P.11参照。

2 ドリブル
DRIBBLING

　ドリブルはハンドリングの一種である。ハンドリングに優れたプレーヤーはドリブルもうまく，ドリブルがうまいプレーヤーはハンドリングにも優れている。ドリブルとボールハンドリングに優れているか否かは，まさに平凡なプレーヤーと非凡なプレーヤーとの分かれ目である。

　ボールハンドリングとドリブルの名手が集まってできたチームは，プレス・ディフェンスに対抗する最高の武器を有していることになる。プレスに対する一流のドリブラーはアメリカンフットボールで言えば，ランニング・バックのような存在であり，チャンスさえあれば，エンドゾーン（ゴール）までボールをいっきに持ち込むことができるのである。

　ドリブルにはスピードドリブルとコントロールドリブルの2種類がある。うまいプレーヤーは，スピードとコントロールを自在に織り交ぜることができる。プレーヤーはハイスピードのドリブルからスピードを落とした防御体勢のドリブルへ，さらに再びハイスピードのドリブルへ，すばやく速度変換ができるように練習しなければならない。また，ドリブルの上達には，すばやい速度変換だけではなく方向転換ができることも重要である。

　ドリブルは有効な武器であるが，目的なしに用いてはならない。一般的に，ドリブルもパスできる場合は，パスを選択すべきである。

　ドリブルの不利な点と誤った使い方の例を，次にいくつかあげる。

1. 高い確率のショットのチャンスを有する味方プレーヤーへパスをしないでドリブルを続けると，得点のチャンスが失われる。
2. むやみにドリブルすることでチームプレーが停滞し，攻撃の勢いがそがれる。
3. ドリブルの乱用でチームメイトが傍観者になってしまう。
4. ドリブルの多用でセットプレーのタイミングが損なわれる。
5. キャッチして無意識のうちにワンドリブルしてしまうと，敵にとって脅威であるドライブのチャンスをムダにすることになる。
6. 密集しているエリアにドリブルで強引につっこむと，技術的または判断上のミスを犯しやすくなり，結果的にはボールを失ってしまう。さらに，ドリブラーが自らコンタクト（身体接触）を起こすと，ドリブルをしていたプレーヤーのファウルとなる。

3 ショット
SHOOTING

　バスケットボールのすべての基本的な技術は，最終的にはシューティング，つまり，ボールをバスケットに入れることへとつながる。

　ショットがうまいということと，実際の試合でいいショットを打てるということは，まったく違った話である。ボディバランス，フットワーク，ボールハンドリング，ドリブル，パス，そしてディフェンスなどの基本技術の欠如から，結果を残せないシューターは大勢いる。

　それにもかかわらず，多くのコーチはシューティングの技術からチームづくりを始めるのが最もよいと言う。他のどの技術よりも，シューティングの技術を教え，学ぶことに時間が費やされる。シューティングの技術がないプレーヤーは使いものにならないが，シューティングのうまいプレーヤーは，その気になれば他の基本技術も学ぶことが可能である。

　シューティングのうまいプレーヤーが生まれつきの良いシューターなのか，練習とコーチングによってうまくなったのかの判断はつけにくい。今日，多くのすばらしいシューターが出現している事実をみると，生まれついての素質を持ったシューターが急に増えたと考えるより，幼い頃から十分な指導がなされる機会が増えてきたと考えるほうが自然であろう。

　シューティングは，長年の練習によって獲得される，精密さが要求される技術である。試合中に訪れる数少ないショットチャンスをものにするために，多くのシューティングの練習に時間が費やされる。

　ショットの安定性は，ボディバランス，自信，リラックス，集中力，気質，自制心などさまざまな要素からなり，すべてが良いショットを打つことの条件となる。激しい試合の中で精神面と肉体面の両方においてバランスを維持することは，良いショットを打つには欠かせない要素である。

🏀 ボディバランス

　シューティングの技術はしっかりとした土台の上に築かれると考えると，すべてのショットの基本はセットショットにあるといえる。レイアップなどは，バスケットへ向かってジャンプする瞬間に踏み切りながらショットを"セット"するが，前方への勢いを上方への動きに変えることによって，この土台ができあがる。バランスは，重心をその土台の中心に保つ

ことで維持される。これはフックショットやジャンプショットにおいても同様である。良いボディバランスを維持するためには，しっかりとしたセットポジションが必要不可欠である。

自信

　良いシューティングには，自信は欠かせない要素となる。しかし，これは一度結果を出して経験しなければ，本当に身につけたことにはならない。結果と自信のどちらが先に生まれるのだろうか？

　自信は，上達しているという自覚と達成感を通して生まれるものである。自信は，不安や疑いのない心理状況のことである。自信のあるシューターは，ショットを打ちたくてたまらないものである。そのようなプレーヤーは，ショットを決めることができると思っているので，ショットのチャンスが訪れたときに迷うことがない。そして，直面した状況にも余裕を持って対処し，平静を保ってプレーすることができる。

　もしシューティングに欠陥のあるプレーヤーがいたら，その欠陥を矯正してやらなければならないが，その場合もあまり性急にフォームを大きく変えさせないことである。多くの場合は，ちょっとした助言で正しいショットが打てるようになる。

　すばらしいシューターは，揺るぎない自信だけでなく，「ショットを決めてやる」という強い気持ちを持っている。もし幸運にもそのようなプレーヤーをチームにかかえていれば，決して自信を失わせるようなことをしてはならない。たとえそのプレーヤーがすばらしいプレーメーカーでなくとも，点を取る能力は，他の短所を補って余りあるものだからである。

リラックス

　これは，シューティングの技術と同じように，身体的な技術である。つまり，練習することによって身につけることが可能なものである。

　シューティングのように神経系のコーディネーションが必要となる技術は，緊張したりこわばったりすることなしにおこなわれなければならない。さまざまなスポーツのすばらしいプレーヤーたちに共通して見られるのは，ゆとりを持って楽にプレーすることである。良いシューターがいとも簡単に流れるように手からボールを放つその動作は，非常に美しい。すばらしいシューターは，激しい試合の中でもそのショットを決めるのに必要

最低限の筋肉だけを使うことを学んでいる。ショットに直接かかわっている筋肉をリラックスさせるのではなく，シューティングの動作をさまたげる筋肉の力を抜くのである。このようにリラックスすることによって，プレーヤーは効率がよくバランスのとれた動きができるようになる。それによって，疲れにくさとすばやさをも向上させることができる。

手をリラックスさせることは，バスケットボールにおいてはとても重要である。手のタッチや感覚は，シューティング，ボールハンドリング，そしてパスにおける最も重要な要素であり，手首と指をリラックスさせた状態で使うことによってこそ向上する。これらすべてがソフトなショットを生み出す要素となる。

集中力

"集中"を定義すると，「すべての外的干渉と心理的な乱れを排除し，成すべきことのみに注意力をそそぐこと」となる。試合に深く集中し，試合に関係のないことは一切頭に浮かべないというプレーヤーは，大切な素質を備えているといえる。

集中力は，特にフリースローのときに非常に重要になる。試合の流れはとまり，フリースローを打つプレーヤーは突然，注目の的になる。すべての目は，自分に向けられる。熱狂的なファンは大声で叫ぶ。こういった状況で集中することは，非常に難しいが，それができるのは自分の心を制御できるプレーヤーだけである。このような集中力が，すばらしい結果を生むことになる。

感情

シューターは，細かいことを気にしてはならないし，平静さを失って感情的になってもいけない。コーチは，プレーヤーが感情に左右されないよう気を配る必要がある。プレーヤーは，物事はいつも思ったようにいくわけではなく，ディフェンスは相手の思ったようにさせないためにいるということを認識する必要がある。

悪い意味で感情的になると，シューティングにも影響が出てくる。よいプレーヤーは，感情的になれば，損をするのは自分であると気づく。コーチの発するユーモアあるひと言は，こういった状況でプレーヤーを助け，つらい状況を乗りこえさせるのに役に立つ。

🏀 自制

　自制がきくかどうかは，人生を生きていく上で大切だが，これはシューティングにおいても同じである。ショットを打つべきか打つべきではないかをプレーヤー自身が判断できなければならないということでもある。しかし，言葉でいうほど簡単なことではない。良いシューターは，ショットを決めることができると信じているので，ショットを打ちたいという気持ちが強い。ショットをせずにパスを出すためには，自分に対する厳しさが要求される。ショットのうまいプレーヤーは大勢いるが，中にはどのショットを打つべきかの判断が甘く，悪いショットばかりを打ってしまうプレーヤーもいる。選択の間違ったショットが結果として成功した場合，これでいいじゃないかと思うプレーヤーはいるが，そうではない。打つべきでないショットは，決まったかどうかの結果に関係なく，やはり打つべきではないのである。

🏀 シューティングのポイント

1. ボールは，適度な弧を描くように放ち，自然なバックスピンをかける。
2. ボールはバスケットに向けてまっすぐ放ち，リングの前縁を越えるようにねらう。
3. 手のひらはボールに触れないこと。ボールをコントロールするのは指である。
4. 毎回，足の位置，腕，手そして指を同じ状態にしてショットを打つ。
5. フォームが固定されるまで，何度も練習する。
6. 自分の体にあったリズムを見つけ，プレッシャーがかかった状態でもそのリズムを忘れない。
7. それぞれの動きを，調和のとれたリズミカルなものにする。
8. 体の各部の動きを，一連の流れるような動きにする。
9. 手と腕は，ボールが離れたあとでもできるだけ長くフォロースルーする。
10. 「必ず決める」という集中力を持ってすべてのショットに臨む。この集中力がよい結果を生む。
11. プレーヤーは，どこからでもショットを決められるという自信を得ることによって良いシューターに育つ。

4 パス
PASSING

　優れたチームには，必ずある共通点がある。それは，ボールを常に動かしているということである。卓越したパッシングとチームプレーの成功は同義であるように思える。こうしたチームは，ボールを常にスピーディに動かしている。

　すべての基礎技術は互いに深く関連しており，どれが一番重要かを決めることは不可能である。しかし，バスケットボールのオフェンスにとってはパスワークが成功の鍵であり，また，パスワークは，チームディフェンスとも密接な関係にあると言っても間違いではない。

　バスケットボールでは，味方がボールを持っている限り相手は得点できない。ボールコントロールを得意とするチームのほとんどは，オフェンスとディフェンス両方の武器として，徹底したパッシングゲーム[*81]をおこなっている。NCAAの調査によると，ディフェンス部門において，1試合の失点が少ない上位にランキングされるチームは，ほぼ例外なくボールコントロール戦術をプレーに組み込んでいる。それだけパスワークは，ディフェンスにおいても重要な鍵を握っている。パスはまさにゲームの結果に大きく影響する，重要度の最も高い技術だといえる。

　パッシングとボールハンドリングには，ボールをすばやく自在に操ることが要求される。そのためにはボールハンドリングやティッピングのドリルなどの練習を通して手の感覚を鍛え，ボールの位置を確認しなくても感覚で操れるようにならなければならない。

　手の大きさは，パッシングやハンドリングにおいてあまり重要な要素ではない。もっと重要な資質が他にある。それは手の強さとか，感覚，あるいはタッチと呼ばれるもので，そういった資質はボールに慣れ親しむ練習を反復することで磨きあげられ，優れたハンドリング，ドリブル，パスやショットができるようになる。手を鍛えることにより，ボールはプレーヤーの身体の一部と化すのである。

---

*81. パッシングゲーム[passing game] パスまわしに重きをおいたフリーランスのオフェンスのこと。かつてNCAAのルールでは，ショットクロックがなく，1点勝っていればパスをまわすだけで勝てた時代があった。

パッシングに優れるために必要な要素は他にもある。それは上腕，手首，指先の筋力，視野，直感，フェイク，そして適切なメンタル状態などである。上腕，手首，指先が，すばやく正確なパスをするのに必要な筋力を蓄えていないと，パスがうまくできない。パスは，手首と指先のスナップから推進力を得るからである。

　また，どこにパスを出すかを悟られてしまうような動きをしてはならない。ほとんどのパスの距離は4.5〜6.0mである。プレーヤーは手首と指先を鍛え，予備動作をすることなく，この距離のパスを正確に出せるようにならなければならない。手を鍛えるのには，指立て伏せを日課にするのもよい。ハンドボールやテニスボールを握るのも手の鍛錬になる。

　例えば，両手を使って（チェストパス）できるだけ頭上高くボールを投げ上げる練習も効果的である。床に落ちてはずんだボールをキャッチして，そのまま初めと同じように投げ上げる。一定のリズムをつくりながら，15〜20回続けておこなう。

◉ ビジョン（視野）

　パスのうまいプレーヤーというのは，正しくパスできるだけでなく，オープンスペースの味方プレーヤーを視野に入れる能力を持っている。これは，パスを出す相手を"見る"ことではない。"視野に入れる"ことと"見る"ことでは，大きな違いがある。パスを出す相手を見ないとパスが出せないようでは，相手にパスを読まれてしまう。オープンスペースのプレーヤーを直接見ないで察知し，そのプレーヤーにパスを出すことによって，オープンスペースをうまく利用できるのである。

　周辺視野とは，目を正面に向けながら，さらに広い角度にわたって周りを見ることができる能力である。この能力の程度は，プレーヤーによって非常にばらつきがある。

　深視力（距離感）とは，自分から対象までの距離を感知する能力である。この能力は，ショットやパスと深く関係している。深視力の高いプレーヤーは，ゴールや他のプレーヤーたちと自分との位置関係を常に把握しているが，その能力が低いプレーヤーは，味方プレーヤーとの距離認識を誤り，的外れで届かないパスや強すぎて受けられないパスを出してしまう。

　瞬間視とは，対象や状況，関係などを瞬間的に認識する能力である。オープンスペースの味方プレーヤーを探知し，距離やスピードなどの状況を

瞬時に分析し判断する能力は，効果的にゲームを進められるかどうかに関わってくる。

上に述べた能力は，経験を積みトレーニングを重ねることによって，向上させることができる。経験の浅いプレーヤーにとって，バスケットボールは感覚の混乱が立て続けにおとずれる競技である。1人ひとりのプレーヤーを見分けるのも難しい。しかし，徐々に慣れることで，状況がはっきり見えるようになり，プレーヤーの見分けもつくようになる。そして，最終的にはプレーの中のあらゆる状況をすばやく分析し，判断し，肌で感じ，それに対応する能力を身につけることができるようになるのである。

ディセプション[*82]

ディフェンスを欺きながら，ディフェンスプレーヤーの頭上，体側，足元を通過させてパスを出すことができなければパスワークの成功にはつながらない。ディフェンスは常にパスをインターセプトし，ボールを逸らせようとプレーしている。フェイクをうまく利用しなければ，オープンスペースの味方プレーヤーに適切なタイミングでパスを通すことは難しい。

良いフェイクは，ボールハンドリングやパスアクションの重要な一部分である。フェイクが効果的であるためには，動作が本物に見えなければならない。また，むやみにフェイクをかけるのは，パスチャンスを逃すことにもつながるので好ましくない。

パスにおけるメンタルな要素

チームに覚え込ませるのが最も難しく，かつ重要な点のひとつは，ボールを持ちすぎることなく味方へパスをするということである。プレーヤーは，ボールを手にすると，本能的に自分で得点をねらわなければいけないような気になる。しかし，誰かがショットを打とうとしてボールを持ちすぎると，チームの一体感は失われてしまう。

プレーヤーは，常にチームメイトをサポートしようと考えるべきである。チームの全員が，コーチにもチームメイトにも好まれるプレーヤーであってほしい。つまり，チームに必要とされるプレーヤーになることである。このような一体感があれば，自然に自分が得点するチャンスも生まれる。

---

*82. ディセプション[deception] 相手をだますこと，欺くこと。

パスに優れたプレーヤーは，他のプレーヤーよりもバスケットボールという競技を楽しむことになる。チームメイトの得点をアシストしたときに得られる満足感は，自分で得点するという面白さを優に超えるものである。その快感を一度味わった者は，献身的なチームプレーヤーに変身する。チームメイトをお膳立てして得た得点は，単なる得点以上の意味を持つ。アシストしたプレーヤーは，チームメイトから認められるようになるからである。

　コーチは常にチームプレーを賞賛することにより，チーム意識を向上させるように心がける。練習中でも試合においても，何が得点につながったかを指摘しながら，実際に得点したプレーヤーだけではなく，得点につながる重要なパスを出したプレーヤーも褒めるようにする。アシストの本数を，シーズンを通して記録し，誰が一番多くのアシストを出しているかを定期的にチームに知らせるとよい。

　スポーツ記者たちに対しても，誰がチームのプレーメーカーなのかを宣伝する。そうしないと，記者たちは得点が多いプレーヤーばかりを華々しく取り上げることになる。スポーツ記者や観客に，プレーメーキングの重要さを教えるのもコーチの仕事である。

第8章
練習のくみたて

8

Organization
of
Practice

1 練習のマスタープラン
KANSAS STATE-MASTER PRACTICE PLAN

　私がカンザス州立大学で指導したときに作成した練習内容を，指針として提示する。それは練習計画を立てるのに，大いに役立つであろう。例年8月下旬か9月上旬のシーズン開始前には，練習のマスタープランが作成される。この計画には，試合のすべての構成要素を考慮し，勝てるチームを育てるのに必要な項目が盛り込まれている。

　それぞれの項目にどれくらいの時間を費やすのかを決めるには，自分に対して，次のように問いかけてみることである。

　「もし，時間の制約によって試合の中のあるひとつの局面しか教えられないとすれば，それは何にするか，その理由は何か」

　この質問に対する答えを紙に書けば，それがマスタープランの最優先事項となる。次に，

　「もし，もう1つの局面を教える時間があるとすれば，それは何か，その理由は何か」

　この答えは，第二の優先事項となる。このようにして，すべての項目が書き出されるまで自分への質問を繰り返すのである。

　マスタープランは，週単位の，そして日々の計画を立てるときの手引として用いられ，何年間もの間，大きな変更はされていない。そして，オフェンスとディフェンスの個々の基本技術が，常に最優先事項になっている点に注目していただきたい。

🏀 カンザス州立大学のマスタープラン

❶――個人の基本技術
　A. オフェンス　B. ディフェンス
❷――セットオフェンスの組み立て
　・オプションの基本的つながり
❸――チームディフェンス
　・基本的マンツーマン・ディフェンス
❹――速攻の組み立て
❺――特定の攻撃局面
　A. ディレイゲーム　B. プレス・ディフェンスに対するオフェンス　C.

ゾーン・ディフェンスまたは複合型ディフェンスに対するオフェンス
❻━━チームディフェンス
　A．ミッドコートプレス　B．フルコートプレス　C．ゾーン・ディフェンス
❼━━特定プレー局面
　A．ジャンプボール　B．フリースロー　C．アウトオブバウンズ・プレー
❽━━セットオフェンス：オプションの特定のつながり

ファンダメンタルの扱い

　バスケットボールについて考える上での順序というものが存在する。その基盤はファンダメンタルである。家を建てるのと同じように，当然それが土台となる。ファンダメンタルは段階的に教えられなければならない。第一に教えるべきであり，またプレーヤーがまず身につけなければならないファンダメンタルは，ボールハンドリングである。

　ボールハンドリングの次はドリブル，次はチェストパス，その次は両手オーバーヘッドパス……というように続いていく。週単位および日々の練習計画を詳しく眺めてみれば明らかなように，1つのファンダメンタルは次のファンダメンタルへとつながっていく。

　バスケットボールは習慣のゲームである（Basketball is a game of habit）。最初から正確な習慣を形づくることが大切である。新しい技術を習得するプレーヤーは，納得した結果が得られるまで，何回もその技術を試してみるだろう。このような"試行"は，プレーヤーのキャリアの初期の段階でおこなわれるべきである。そして，満足いくような動きが見つけられたら，さらにドリルによってその欠陥を矯正し，本当に身につくまで繰り返し練習しなければならない。ファンダメンタルが習慣として身につく時期が早ければ早いほど，そのプレーヤーの能力は伸びていくだろう。

2 練習のくみたて
ORGANIZATION OF PRACTICE

　練習のくみたては，コーチの最も重要な仕事のひとつである。これまで述べてきたように，体系化のためのノウハウは成功するチームを育てる上で不可欠なものである。ここでは，カンザス州立大学でシーズン開始の最初の7日間に用いられた実際の練習計画を紹介する。都合上，最初の7日間に限るが，シーズンを通して練習日ごとに，このような計画表を作成している。これらが「コーチの手引き」となることを願っている。

● マスタープランの作成手順

　マスタープランを作成するために踏まえておかなければならない大まかな手順は，以下のとおりである。

❶——アウトライン（概要）の作成
　1．マスタープランのアウトラインをつくる。
　2．マスタープランをもとに週単位の練習計画のアウトラインをつくる。
　3．1日単位の練習計画のアウトラインをつくる。

❷——1日単位の練習計画のアウトライン作成手順
　毎日の練習計画の作成にあたっては以下の手順に従う。
(1)練習開始日から最初の試合までの日数を数えておく。その中で，例えば日曜のように，練習できない日を考慮にいれておく。
(2)1回の練習は2時間となるため，練習できる日数に2をかける。これで練習の総時間数が決まる。
(3)この練習総時間数を，練習が必要となる項目の数で割ると，各項目にあてる練習時間数が大まかにわかる。他の項目より練習時間を長く取るべき項目があるはずだが，この計算をすることによって，ある項目を満足に練習するために，他からどれくらいの時間を割いてくるかの目安ができる。
(4)練習開始日から最初の試合の日までの日付を書いた用紙を，1日につき1枚ずつ用意する。練習がない日には，「練習なし」と明示しておく。その他の用紙には，1〜38など，試合前日までの日数を番号でしるしておく。各用紙の一番上に「その日の課題」を書くことになる。
(5)使える時間と練習すべき内容から，初日の練習計画を立てる。同様に，

次の日以降の計画を立てていく。この手順を最初の試合の日まで繰り返す。

(6) 初日の練習計画は，初日に使うこと。練習中におこなわれた変更は，すべて記録しておく。練習終了後，次の日の練習開始までに必要な調整を済ませておく。この調整は，初日の練習中に生じたあらゆる変更について，必ずおこなわなければならない。試合直前の練習まで，ずっとこの手順を繰り返していく。

(7) 柔軟性を持って練習計画を変えていくこと。変更の余地がないような，型にはまった柔軟性のない計画を立ててはいけない。練習中にコートで起きることは，何が必要であるかを示唆している。練習計画は法律ではない。あくまで手引きとして扱うこと。しかし，練習内容を変更するときは，最終的な目標に向けてのチームの現状を考慮する。

(8) 最初の試合以降の練習は，その試合が終わるまで計画を立てないこと。また，その計画は次の試合までのものとすること。試合の結果と，次に控えた試合が練習内容を決定する。何に重点をおいて練習するかは実際の試合をもとにした分析がなければ決められない。例えば，最初の試合のあと，プレス・ディフェンスに対する練習が必要だとわかれば，その練習をしなければならないことは明白になる。

🏀 マスタープランのアウトライン

第1週目

▶初日：ミーティング（4：00～5：00）

1. 「ルールブック」に目を通す。
2. 学業について以下のことを徹底させる。
   - 学業は学生が最も大事にすべきことであり，バスケットボールは最優先されるものではない
   - 授業に出席し，しっかり授業を受ける。授業態度がチームに影響を与える。
   - 遠征のために授業を欠席するのは14日間。それ以上は休まない。
   - 遠征に出る前に欠席届を提出し，担当教官と打ち合わせをしておく。
   - 補習のための個人授業が必要な場合は体育局に依頼しておく。
   - 成績が平均を下まわるとチームから外されることもあり得る。
3. 掲示板

掲示板は「チームにとってのバイブル」である。掲示板に示されたすべての通知，その他の情報は必ず知っておかなければならない。毎日，掲示板を見ること。

4．バスケットボールの練習規則
- すべての練習やミーティングには遅刻してはならない。チームとして待つことはない。
- 練習を休むか遅刻するときは，事前にコーチに知らせる。
- 笛が鳴ったらすべての活動を止め，全員がコーチに注目する。
- 練習に来ればいつも100％の努力が期待されている。何かを達成することで，喜びや楽しみがもたらされる。一生懸命やること。
- 悪ふざけは，危険な上にチームの風紀を乱す（禁止とする）。
- 練習中に汚い言葉遣いをしてはならない。教養のある人間は，汚い言葉遣いをしなくても，はっきりと自己表現ができる。
- 行動が横柄だったり，身なりがだらしないなど，下品であってはならない。

5．ウェア類
ウェアは各自に支給される。そのため，各自の責任でそれをきちんと管理すること。ウェアはロッカーの中に吊るしておく。そうすれば紛失するおそれはない。他人のウェアに手をつけてはならない。また，体育館以外でそのウェアを着用してはならない。

6．目標
個人として，およびチームとして，持てる能力を最大限に発揮できるように，日々，常に精神的，肉体的，技術的に準備すること。

7．哲学
徹底的に努力し，個人の能力を極限まで発揮するというスポーツ哲学はことさら目新しいものではない。1マイルレースにおいて世界で最初に4分の壁を破ったロジャー・バニスターは，同僚のクリス・チャタウェイ（英国人中距離走者）を言い表すのに「幸せな戦士（happy warrior＝困難に挫けない人）」という言葉を用いた。こうして，「幸せな戦士の哲学」という言葉が生まれた。この言葉は，競争におけるプレッシャーのかかる状況を，効果的に処理するための理想的な姿勢を表している。

プレーヤーとコーチは，競争という難題をすばらしい経験として受け入れ，徹底的に力を出し切ることで喜びを感じる。努力はそれ自体が喜びであり，成功はそれ自体が報酬である。そのどちらもが人生を豊かにしてくれるかけがえのないものである。これを理解すれば，身体，精神，気持ちが緊張から解き放たれ，リラックスして試合や練習に臨むことができる。このように楽しむ気持を持つことで，プレーヤーは最大限の能力を発揮する。その結果，自己管理もきちんとできるようになる。

　私は勝ち負けの観点だけで，チームに語りかけない。とにかく努力しようと語る。試合直前のミーティングの最後には，プレーヤーに必ずこのような言葉をかける。

　「1人ひとりが，個人として，そしてチームとして最大の能力を発揮せよ。試合のスコアはその結果出るものである。そのような試合をするなら，勝敗にかかわらず，われわれは君たちの努力を誇りに思う。」

▶練習第1日目

　「パスができなければプレーはできない。これは学業ができなければバスケットボールはできないということでもある」

1．ウォームアップ（5：30〜5：45）
2．ファストブレイク・ドリル（5：45〜6：00）
3．フリースロー（6：00〜6：10）

▶練習第2日目

　「仲間と1つになることは物事の始まり，仲間との絆を保つことは進歩，仲間と力を合わせることは成功」ヘンリー・フォード

1．ウォームアップ（4：00〜4：15）
2．ドリブル（4：15〜4：45）
3．レイアップ・シューティング：フォワード・ポジションからフェイク＆ドライブ（4：45〜5：05）
4．チェストパス（5：05〜5：20）
5．3レーン・ファストブレイク（5：20〜5：30）
6．ファストブレイク・ドリル（5：30〜5：50）
7．フリースロー（5：50〜6：00）

▶練習第3日目

　「暴れる馬にはいつまでも乗っていられない。いつかはその馬から降りなければならない」ジョージ・ハンフィル

1．ウォームアップ（4：00〜4：15）
2．体格・体力測定（4：15〜4：30）
3．ドリブルの復習（4：30〜4：45）
4．フォワード・ポジションからフェイク＆ドライブ（4：45〜5：05）
5．オーバーヘッドパス（5：05〜5：10）
6．チェストパス（5：10〜5：20）
7．5レーン・ファストブレイク（5：20〜5：30）
8．ファストブレイク・ドリル（5：30〜5：50）
9．フリースロー（5：50〜6：10）

▶練習第4日目
「人生で最も大きな損失は，熱意を失うことである」アーネスト・ウィンター
1．ウォームアップ（4：00〜4：10）
2．ガードのドライブ・ドリル（4：10〜4：30）
3．ワンカウント・ストライドストップ（4：30〜5：00）
4．アウトサイド・シューティング（5：00〜5：30）
5．ファストブレイク・ドリル（5：30〜5：50）
6．フリースロー（5：50〜6：10）

▶練習第5日目
「労働が人の価値をおとしめることはない。残念にも，労働の価値をないがしろにする人がときとして見受けられる」ユーリシーズ・S・グラント
1．ウォームアップ（4：20〜4：30）
2．ワンカウント・ストライドストップの復習（4：30〜4：45）
3．オールコート2対2のディフェンス練習（4：45〜5：00）
4．セットショット（5：00〜5：30）
5．ファストブレイク・ドリル（5：30〜5：50）
6．フリースロー（5：50〜6：10）

▶練習第6日目
「足が速い者が必ず競争に勝つ，あるいは力が強い者が必ず戦いに勝つとはいえない。だがそうなる確率は非常に高い」デイモン・ルニオン
1．ウォームアップ（4：00〜4：10）
2．ガードアウトサイド・ドリブルドライブ（4：10〜4：20）
3．ジャンプ・アンド・タップ（4：20〜4：30）
4．ジャンプショット（4：30〜4：50）

5．オールコート2対2のディフェンス練習（4：50〜5：05）
6．パスの原則についての説明（5：05〜5：15）
7．パスの出し方：ディフェンスがいる場合（5：15〜5：30）
8．ファストブレイク・ドリル：5レーン，ディフェンスなし（5：30〜5：50）
9．フリースロー（5：50〜6：10）

第2週目
▶練習第7日目
1．ウォームアップ（10分）
2．フォワード・フットワーク（30分）
3．アウトサイド・シューティング（20分）
4．個人ディフェンスについて（15分）
5．個人ディフェンス・ドリル：ガードからフォワードへのパス（20分）
6．ファストブレイク・ドリル：5レーン，ディフェンスなし（15分）
7．フリースロー（10分）

▶練習第8日目
1．ウォームアップ（10分）
2．1対1：ファストブレイクの状況で（30分）
3．1対1＋トレーラー：ファストブレイクの状況で（10分）
4．2対1：ファストブレイクの状況で（10分）
5．2対1＋ディフェンスヘルプ（10分）
6．アウトサイド・シューティン：ガードとフォワード／ジャンプ・アンド・タップ：センター（20分）
7．フォワードに対する個人ディフェンス（20分）
8．フリースロー：10本連続（10分）

▶練習第9日目
1．ウォームアップ（10分）
2．ファストブレイクの状況で（20分）
3．ポジション・シューティング（15分）
4．フォワードに対する個人ディフェンス（15分）
5．ディフェンス練習（30分）
6．ファストブレイク・ドリル：5対2（20分）
7．フリースロー：10本連続（10分）

▶練習第10日目
1．ウォームアップ（10分）
2．ファストブレイクの状況で（20分）
3．ポジション・シューティング（30分）
4．ディフェンス練習（30分）
5．ファストブレイク・ドリル：5対2（20分）
6．フリースロー：10本連続（10分）

▶練習第11日目
1．ウォームアップ（10分）
2．ポジション・シューティング／ジャンプ・アンド・タップ（20分）
3．フォワードの個人ディフェンス・ドリル
4．ディフェンス練習（30分）
5．ファストブレイク・ドリル：5対2（20分）
6．ディフェンス・フットワーク・ドリル（5分）
7．フリースロー：10本連続（10分）

▶練習第12日目
1．ウォームアップ（10分）
2．セットオフェンス・ドリル（20分）
3．ボールに対するディフェンス，ボールのないところでのディフェンス（40分）
4．ポストへのパス（20分）
5．ファストブレイク・ドリル：5対2（20分）
6．スプリント（5分）
7．フリースロー：10本連続（10分）

練習時間の配分

ゲーム準備期間の練習内容時間配分は以下のようになる。

・**基本的なファンダメンタル**＝60％

　このファンダメンタルドリルには，オフェンスおよびディフェンスにおけるゲームの特定場面をイメージしたものも多く含まれる。

・**コンディショニングとトレーニング**＝25％

　ここにはコンディショニングのためのドリルだけでなく，ゲームの中の特定の段階（ファストブレイク，ディレイゲーム，プレスなど）に対

応したコンディショニング・ドリルも含まれる。
- **ゲームにおける戦略戦術** = 15％

　バスケットボールを基礎から組み立てていく上で，ファンダメンタルは戦術の重要なパートとなる。

　大学レベルや経験豊富なチームであっても，基本の大切さを言い続けなければならない。

スクリメージ

　スクリメージとは，正規の試合で2チームが競い合う擬似試合のことである。審判，スコアラー，記録係（ショットの確率，ターンオーバーやスティール，リバウンドの数の記録をする）を置き，タイマーも試合でおこなわれる場合と同じように動かす。

　スクリメージは，2つの目標を達成するために役に立つ。1つは，個々のプレーヤーおよびチームが試合形式の中でいろいろな戦術と戦法を使い，ファンダメンタル，コンディショニングを向上させること。もう1つは，プレーヤー同士を競い合わせ，そのプレーを観察することで，コーチ自身が自分の指導内容を見直すことである。

　私のチームではいくつかの理由からスクリメージをあまり多くおこなわない。シーズンは長い。練習は10月15日に始まり，最初の試合は12月の第1週までない。シーズン開始までスクリメージをあまりしないことで，プレーヤーを疲労させず，試合がしたいというハングリーな気持ちにさせておけば，試合にも意欲を持って臨むようになる。

　スクリメージと試合は，懸命に練習したことへの一種の報酬である。スクリメージは，練習でがんばったプレーヤーへの褒美となるべきである。「いつからスクリメージを始めるかは教えないが，今までやってきたように懸命に練習を続ければ，近いうちにスクリメージをおこなう」とプレーヤーに言うとよい。

　試合形式という条件のもとで適確な指導をおこなうのは非常に困難なことである。もしもプレーヤーが，ファンダメンタルやしっかりしたチームプレーを十分に身につけていないと，無意識にもとの悪い習慣に戻ってしまう。練習初期からスクリメージをおこないすぎると，プレーヤーに悪い癖の練習をさせることになる。

　シーズン直前の練習期間には，スクリメージを3〜4回おこなう。シー

ズンが始まってからは,スクリメージはほとんどおこなわない。スクリメージではない5対5の練習によって試合に備えることは十分できる。例えば,ハーフコートの5対5の練習において,ディフェンスチームがリバウンドをとったり,インターセプトをしたら,ファストブレイクを出すようにする。これが,コントロールされた実戦練習である。コーチがプレーごとにオフェンス,ディフェンスの戦術を指示することで,そのプレーをコントロールするのである。

　練習の最初の4週間は,個人の基本技術と全体的なチームの動きを中心に練習を組み立てる。練習の重点は,オフェンス,ディフェンス両面の個人技術とコンディショニングにおかれる。次の4週間は,チームプレー,コンディショニング,戦術にあてられる。ここでも,オフェンス,ディフェンスの両方を練習する。これらのチーム・ドリルの多くは,5対5の練習としておこなわれる。

　コーチの1人はゲームのオフェンス面に注目し,別の1人はディフェンスチームを観察し分析する。この練習はスクリメージではないため,プレーを途中で止めることもできるので,プレーの細かい部分まで入念に観察することができる。オフェンスチームは,コーチに指示された攻撃パターンを,さまざまなタイプのディフェンスに対して仕掛ける。

　オフェンスチームが得点するか,ボールをキープしている限り続けて攻撃する。ディフェンスがインターセプトしたり,ルーズボールやディフェンスリバウンドをとったら,そこからファストブレイクを出す。もし,ファストブレイクができないなら,セカンダリーブレイクに持ち込むか,セットオフェンスから確率の良いショットを打つ。ディフェンスがバックコートからのファストブレイクをねらうことで,ゲームに似た状況がつくられる。これにより,アグレッシブなディフェンスとリバウンドをしようという気持ちがプレーヤーに生まれる。またこの練習によって,ディフェンスはファストブレイクのチャンスを判断できるようになり,ファストブレイクを出すための脚力も向上することになる。

　ファストブレイクの完成には,ゲームにおける他のどの場面よりも時間を要する。プレーヤーは,状況を即座に認識できなければならない。また,基本的なプレーを,すばやく動きながら実行する必要がある。ファストブレイクに必要とされる技術を身につけたプレーヤーは,それができないプレーヤーよりはるかにファンダメンタルが優れているといえるだろう。

バスケットボールは，ハーフコートの競技ではないので，コートの端から端までプレーしなければならない。プレーはコート全面を使っておこなわれる。このようなプレーを学んでいないチームが，脚力がありプレッシャーの強いチームと対戦すると，ひどい結果に終わるだろう。多くのコーチは，ハーフコートでの練習に時間を費やしすぎるというミスをおかす。コートの端から端までプレーし，オフェンスからディフェンスに，そしてディフェンスからオフェンスに即座に移行する能力を身につけるには，膨大な練習量が必要である。

　シーズンが始まり，ゲームが実施される時期になったら，ディフェンスチームは，相手チームが採用してくると思われるディフェンスをシミュレーションする。オフェンスチームは，ある特定の型のディフェンスに対する攻撃を練習する。このようにして5対5をおこなうが，たとえ次の対戦相手がファストブレイクを仕掛けてこないチームであっても，ディフェンスがボールを取った場合はファストブレイクを出すようにする。こうすることで脚力が向上するだけでなく，オフェンスからディフェンスへの切り換えというディフェンスにおいて最もないがしろにされがちな局面の練習にもなる。攻撃から守備へのすばやい切り換え，ショットが入らなかったあとのディフェンスの形成，そして相手にすばやくマッチアップする能力を身につけるための練習である。これには，ディフェンスにおけるチームワークと頑張り，そしてコミュニケーションが必要である。ときには，攻守の転換からのディフェンスのピックアップだけに焦点をあててゲームを見てみよう。ディフェンスプレーヤーがそれぞれのオフェンスプレーヤーにマッチアップするのが遅れ，オフェンスプレーヤーがオープンの状態となり，良いショットを打たれてしまうことが何度もあることに気がつくはずである。

第9章
コーチング

9

The
Coaching
Profession

1 コーチングにおける心理学
PSYCHOLOGY OF COACHING

◉ コーチングに際して考慮すべきこと

私は6人の使用人を抱えている
（私が知っていることすべてを教えてくれたのはその6人だ）
彼らの名は '何を' 'なぜ' 'いつ'
そして 'どのようにして' 'どこで' '誰が' だ

　　　　　　　　　　　　　　　　　　ラジャード・キップリング

　この詩の中には，教えることと学ぶことへの大切な手がかりが含まれている。
1. 「何を」教えようとしているのか
2. 「なぜ」それが重要なのか
3. 「いつ」それを教えるのか
4. 「どのように」それを示すのか
5. 「どこで」それを使うのか
6. 「誰が」チームをまとめるのか

　これらの6つの重要な問に満足に答えられるコーチは，系統的なノウハウを持った成功するコーチといえる。
　ほとんどの高校のコーチ，あるいは短大・大学のコーチは，限られた時間の中で準備し，効率よく時間を活用しなければならない。つまり，常に時間という問題に直面するのである。彼らの多くは，教えたいことすべてを教えるには，時間が足りないと感じている。しかし，コーチがすべてを教えようとすると，プレーヤーは多くのことを気にかけながらプレーすることになり，重要であることに集中できなくなる。教えることが多すぎるよりは，少ないほうがよい。バスケットボールは，習慣の定着とすばやい反応を競う競技である。プレーヤーたちに何をすべきかの選択肢を与えすぎて，考えを混乱させるのは賢明ではない。
　コーチは時間を無駄づかいしないように注意しなければならない。以下は時間の浪費となる例である。

- 毎回の練習に多くの内容を盛り込もうとしすぎる
- 練習前に計画を立てない
- 練習に規律がない
- 有効なマネージャー・システムがない
- 身体能力を最大限に活用できない
- コーチング・スタッフを活用できない

　それぞれのコーチは，過去の自分の経験に基づき，チームの状況を完全に把握・分析することによって，何を指導するか，なぜそれが重要なのかを決定しなければならない。考慮するべき要因は多い。

1. コーチ自身の知識と教える能力を，第一に考える。自分が完全に理解していないことを教えることはできないし，教えようとしてはならない。完全に理解した上で，自分のチームにどのように示すかを考えること。
2. 時間的要因を考慮する。最初の試合までの時間と，それぞれの練習に使える時間がどれだけあるかによって，何を教えるべきかがほぼ決まってくる。
3. プレーヤーを分析することも大切である。自分のチームと相手チームのプレーヤーの両方を分析すること。プレーヤーの経験，体格，スピードと敏捷性，バスケットボールに対する姿勢や性格，そして技量について入念に考慮しなければならない。
4. 身体能力に合わせて教える内容を決定する。これは，相手チームの身体能力を含めて考えるべきである。
5. 相手チームのコーチが持つ技術と指導の能力を念入りに研究することも重要である。具体的には，次のようなことである。
   「ゾーンでまもってくるのか，それともストレートマンツーマンか」
   「ファストブレイクを多用するのか，ゆっくり攻めてくるのか」
   「スクリーンプレーを中心に攻撃してくるのか，個人の能力に頼ることが多いのか」
   「どのようなタイプのマンツーマン，あるいはゾーンなのか」

　例えば，もしもそのリーグでゾーン・ディフェンスが盛んにおこなわれていれば，ゾーン・ディフェンスの攻撃について力を入れるべきである。もし，ファストブレイク主体のチームが多いようであれば，速くディフェンスに戻って相手をマークすることに特に注意を払う。

コーチングにおけるポイント

❶──目的をプレーヤーに明確に理解させること

　プレーヤー自身が，なぜそれが教えられるのかを明確に理解していれば，学ぶのがもっと早くなるし，また教えられたことを長い期間覚えていられる。なぜその方法が一番いいのかを教えられることで，プレーヤーはその方法でやろうという気になるものである。

❷──シンプルに教えること

　プレーヤーが，コーチの話している内容を理解しているか確かめる。コーチは，自分の用語知識の豊かさをひけらかしてプレーヤーを感心させようとしてはならない。プレーヤーが理解できないかもしれない言葉を用いる場合は，ゆっくりとその言葉を説明する。バスケットボールで用いられるさまざまな用語をコーチが知っていても，それをプレーヤー全員が知っているとは限らない。コーチは誰もが，年月を経るに従って自分独自の表現法をつくり上げていく。それらは自分にとってわかりやすいものであっても，外部の人間やチームの新しいメンバーにとっては，まるで外国語のように聞こえるかもしれない。

　教えようとする事柄をうまく描写する用語を用いれば，効率よく教えることができる。しかし，プレーヤーがまったく訳のわからないままの状態でいることのないように，その用語の意味を明確にするべきである。毎年，プレーヤーは新たにバスケットボールを始めるのだという心積もりでいること。プレーヤーの想像にまかせるようなことがないようにしておかねばならない。

❸──その技術を実際におこなって見せる

　その技術をうまくおこなえるのなら，コーチ自身がその技術を実際にやって見せればいい。うまくできないのなら，やるべきではない。まずい見本は，プレーヤーに尊敬の念を失わせる原因となるため，見本を示す場合は注意しなければならない。うまくやって見せられない場合は，その技術を上手にできる上級生のプレーヤーにおこなわせる。実演するプレーヤーは，他のプレーヤーのほうを向いておこなうように注意すること。

　ビデオはすぐれた指導手段である。偉大なプレーヤーの傑出したプレーのスローモーション映像は特によい。写真も有効である。コーチはあらゆる視覚教材を利用するとよいだろう。型をイメージできることは，習得する上での大きな助けとなる。また映像を教材に用いれば，プレーヤーはコ

ートをひと目見ただけで全体の状況を思い描き，動きの流れや連携を知ることができるようになる。

❹──実際の動きの主要な点だけをチームに説明すること

細かい部分の説明をむやみに加えず，基本的な原則だけを説明する。

❺──実際にプレーさせる

実際にプレーさせて身につけさせる。プレーヤーは，その技術が確実に身につくまで練習しなければならない。ミスは必ず起こる。その技術を実際にやってみた経験が少ないほど，ミスは出やすいものである。しかし，ミスすることによって，プレーヤーは「こうしてはいけない」と判断できるようになる。コーチはそのミスを分析し，修正してやればよい。プレーヤーは，その技術を一番うまくできる方法を見つけるために試行しているのである。賢明なコーチは，練習の90％をプレーヤーが実際にプレーする時間，残り10％を理論の説明の時間にあてる。

❻──修正をする

プレーヤーのミスを分析してから，修正のための指導をおこなう。プレーヤーがどのようなミスをしたか，それをどのように修正すればいいかを教える。コーチはその技術について補足説明し，実演をおこなってもよい。これらの指導は，プレーヤーの興味を引くように，かつ熱心におこなうようにする。

修正の指示と実演指導を盛り込んだ練習は，プレーヤーが満足できるような結果を得て，きちんとした技術が身につくまでおこなわれることになる。プレーヤーが上達すればするほど，目に見える進歩は少なくなる。そして，もう技術的な上達はないのではと，心理的な限界が近づく。しかし，一流のプレーヤーは，たとえほんの少しの進歩であっても，それを得るために何時間も練習に費やすものである。

プレーヤーは正確にプレーする習慣を身につけるために，絶え間なく努力する必要がある。意識することなく自然にできるようになるまでその技術を練習しなければならない。こうして技術は習慣となる。プレーヤーは「どのようにそれをしているのか」ではなく，「何をしているのか」に意識を集中しなければならない。

傑出したプレーをおこなえるようになる前に，プレーヤーは型にはまった動きを身につけなければならない。これは特にアウトサイド・シューティングにおいて言えることである。技術には正確さ，安定性，精度が求め

られる。技術にバリエーションをつけることは，その技術が完全に身につくまでは抑制しなければならない。

この原則の実例は，フリースローである。フリースローがうまいプレーヤーは，毎回変わらないリズムとフォームでフリースローを打つので，高い成功率をあげることができる。フリースローが下手なプレーヤーは，すぐにショットを変える。

私のチームでは，シーズン開始から2日間さまざまな形でのフリースローを試行させ，それ以後は決まった型でフリースローを打たせる。成功率の高いシューターになるプレーヤーは，自分の型を身につけているプレーヤーである。それは，ゴルファーがそれぞれのスィングフォームを持つのと同じである。

プレーヤーの個性を生かす

プレーヤーによって，コーチの仕事は心地よいものにもなるし，耐えがたいものにもなる。「能力こそが成績のすべてを決定するのだ」と信じて疑わないプレーヤーやコーチは，それが誤解であることに気づくことになる。

すべてのプレーヤーの性格に細心の注意を払うコーチは，チームの努力と熱意に報われるだろう。能力はあるが頑張りや熱意に欠けるプレーヤー，または，未来のために熱心に練習するよりも現在を楽しむことに関心があるプレーヤーを抱えているコーチは，必ずや困った問題に直面するであろう。若いプレーヤーはもちろんのこと，年齢の高いプレーヤーでさえも，能力が優れているプレーヤーの行動には影響を受けやすい。コーチはあらゆる方面から指導をおこない，特に年上で能力が優れているプレーヤーの態度を指導するのに多くの時間を費やすことが必要となる。

型破りではあるがしっかりと結果を出すプレーヤーの可能性を，過小評価してはならない。バスケットボールでは，オーソドックスではないスタイルやフォームが多く見られる。過去の実例から，基本にそった方法こそ有効であり正しいと考えられているために，コーチは基本的な方法を教えたがる。しかし，プレーヤーの中には基本にそぐわない方法で望ましい結果を生む者もいることを知っておかなければならない。原則的には基本に即したフォームを教えるべきだが，型破りでもよい結果を生むプレーヤーがいれば，それはそれで受け入れることである。

例えば，身長の低いプレーヤーが，特に密集した地域にドライブしてショットをおこなおうとすれば，基本にそぐわない方法のショットに頼らざるを得ない。カンザス州立大の偉大なガードの1人であるドン・マツザックは，ドライブからのレイアップにおけるすばらしいコツを身につけていた。低身長のプレーヤーが高身長のディフェンスプレーヤーと直面した場面では，ディフェンスのタイミングをはずすために基本から外れたショットを打たなければならない。彼は基本とは逆の足でジャンプすることで，それをやり遂げた。

　ハンク・ルィセッチのワンハンド・プッシュショットも，彼が最初にやって見せたときは，まったく基本にそぐわないショットだと考えられていた。同様にジャンプショットは，過去に基本から外れたショットと考えられていたが，そのショットが普及することでバスケットボールが革命的に変化した。大切なのは，いわゆる専門家の推薦するものと違っていても，基本を逸脱したプレーが良い結果を出す場合，それを受け入れる姿勢をもつことである。

🏀 プレーヤーにコーチの考えをきちんと伝える

　知識と情報は非常に重要である。しかし，教えるという観点から見て，最も重要なことはコーチがチームに伝えることのできる知識である。その上で，単にプレーヤーが持っている知識を増やすだけではなく，いかにその知識をプレーに生かせるかということが重要なのである。そのために，コーチの最も重大な仕事は，プレーヤーの心に学びたいという強い欲望を起こさせることである。

　学習する過程における最も大切な要因は，適切な心の状態にある。プレーヤーが好ましい心の状態にないと，コーチングは効率よくおこなえない。最善をつくして学ぶようプレーヤーに動機づける方法はたくさんある。しかし，おそらく最も重要なのは，コーチ自身である。

　コーチ側の熱意と気迫は，プレーヤーに上達したいという強い意欲を持たせるための大きな刺激となる。プレーヤーが，コーチとその指導能力を高く評価し尊敬していれば，彼らはコーチを喜ばせ賞賛を得ようと懸命にプレーする。そのようなコーチは，プレーヤーに何を望むかをわかりやすく示してやらなければならないし，プレーヤーから最高のものを引き出してやる能力を身につていなければならない。これはコーチ自身が最大限に

努力してのみ達成される。

コーチの仕事は，物を売る仕事と同じようなものである[*83]。コーチにとっての商品とは保険，金品や衣服ではない。コーチ自身，あるいはコーチの持つ考えこそが最も価値ある商品なのである。コーチが自分を信じ，考えの正しさを信じているなら，この2つの商品を自分のチームに売るのに困難な経験をすることはないだろう。

🏀 プレーヤーにやる気を起こさせる

コーチは，プレーヤーを通してこそコーチとしての成功と幸せがもたらされるのだと認識しなければならない。つまり，プレーヤーは，成功と満足を運ぶ水路のようなものである。プレーヤーの成功と幸せもコーチを通してもたらされる。コーチとプレーヤーは，互いに称え合う関係でなければならない。

それは，丘の頂上から転がり始める雪だるまのようなものである。最初は小さいが，勢いがつけばつくほど大きくなる。1人ひとりが正しい態度でチームに貢献し，努力をすればするほど，全体の成果は大きくなる。プレーヤーがコーチに力を貸せば，その分だけコーチもプレーヤーの力になることができる。

❶——個人的に語り合うこと

チームのプレーヤー1人ひとりと個別に話し合うことは，やる気を起こさせるための大きな力となる。チームメイトを気にしなくていいので，そのプレーヤーに気まずい思いをさせずに長所や短所を指摘してやることができる。個々のプレーヤーに，懸命に努力さえすれば達成できる目標を与えることは，やる気を引き出すための大きな動機づけとなる。

コーチはこのような個人的話し合いによって，おこないを変えることがそのプレーヤー自身のためだと指摘することもできる。道を誤るプレーヤーもいるが，多くの場合，そのようなプレーヤーを正しい道筋に戻してやるには，このような個人的話し合いが一番である。この種の指導の目標は，あくまでプレーヤーを正しい方向に戻してやることである。本当に自分勝

---

*83. コーチの仕事は，物を売る仕事と同じようなものである[Coaching is similar to any selling job] 英語の"sell"は，「考えを相手に売り込む，納得させる」という意味があるので，このような表現がなされている。

手なプレーヤーのエゴをしぼませる必要がある場合以外は，プレーヤーを精神的に萎縮させてはいけない。

　プレーヤーを批判しなければならない場合であっても，その批判の目的が，プレーヤー自身とチームを援助するためであって，そのプレーヤーをおとしめるためではないことを心に留めておく必要がある。人間性ではなく行動を批判する。こうすることによって，プレーヤーのミスを指摘しながらも，プレーヤーをほめることができる。プレーヤーがどれほど下手かを指摘しないで「今のプレーより，本当はもっとうまくやれるはずじゃないか」と言ってやる。そのあとで，それをうまくやれる方法を教える。どのように修正するかをプレーヤーに指導しないで，ミスを指摘してはならない。

❷——チームでの話し合い

　定期的なチームでの話し合い（ミーティング）により，学ぼうという気持ちを，お互いに刺激しあえる。この話し合いは，通常，その時点までに達成されたことと，これからの目標と到達点を再確認するものである。話題は試合の中の具体的なプレーに触れるかもしれないし，調整段階におけるきつい練習の重要性，基本を忠実に実行することで適切な習慣を身につけることの重要性を再確認することになるかもしれない。これらの話し合いは，プレーヤーを練習中にもっと懸命にさせる刺激となる。

　毎回のチームの話し合いで，「大きなこと」を成功させるためには「小さなこと」を完全にやり遂げ，それを積み重ねていくしかないということを確認し合う。一流プレーヤーは，人並み以上の関心の高さ，熱心さ，細部への注意力なしには生まれない。

　　　すべては些細なことで決まる
　　　釘をおろそかにして蹄鉄を失う
　　　蹄鉄をおろそかにして馬を失う
　　　そして，馬をおろそかにして
　　　敵に追いつかれ，殺され，乗り手を失う
　　　すべては馬蹄の釘をおざなりにすることから始まる

2 コーチの こころがまえ
PREPARATION FOR THE JOB

　多くのコーチは，自分の持っている知識がチームを成功させるための決定的な要因ではないことに気づいている。重要なのは，プレーヤーに授けることのできる知識である。オールアメリカに選ばれたプレーヤーが，必ずしも優れたコーチになるわけではないこともこれを証明している。多くの偉大なスタープレーヤーは，天性の能力に恵まれている。そのようなプレーヤーは生まれ持った才能があるために，ゲーム中の技術を分析し理解できなくても，一流のプレーができてしまうのである。

　大学のチームでプレーした経験のないコーチが，卓越したチームを育てることも十分あり得る。プレーヤーとしての十分な実績がなくても，バスケットボールを熱心に研究し，コーチとしての視点から試合を分析し，人間性，気質，教授能力に優れている者は十分にその可能性を持つ。

　いっぽうで，競技経験のあるコーチのほうが，大学でプレーしたことのないコーチより有利なのは確かである。コーチの仕事には，競技経験を通じてしか学ぶことのできない大切な何かがある。コーチが，教えるプレーヤーと同じポジションでプレーしていたこと，プレーヤーが抱えるさまざまな感情がわかること，プレーヤーがどんな経験をするのか，ある状況に対するプレーヤーの反応がなぜ起こるのかを理解できることなど，プレーヤーとして得たこれらの経験は，コーチをする上での貴重な財産となる。

　コーチになることを熱望していて，現在大学のチームに所属しているプレーヤーはその仕事への準備をする絶好の機会に恵まれている。このチャンスを見逃すべきではない。この経験は，大学チームの一員に選ばれ，名誉あるメンバーとして最高の舞台を生で感じとることによってのみ得られる。あらゆる面でそのようなプレーヤーを援助，手助けするのはコーチの義務である。このときのコーチの指導は，プレーヤーが卒業したあとも生かされていく。

　賢明なコーチは，問題を解く鍵はベンチで考える特別な戦術にあるのではないことを知っている。むしろ，コーチとして成功するための解答は，プレーヤーの興味を引きつけることのできる効果的な指導術にある。日々の練習において，どれほどうまく試合でチームが直面するであろう状況をつくり出せるか。そして，本能的に的確にプレーヤーが反応するまでこの

状況を繰り返し練習させられるかで,コーチの能力が測られる。コーチは,コーチとして成功するために十分な準備をしなければならない。時代に遅れずについていくための勉強や準備をする時間をほとんど持たないコーチがいるのは,嘆くべきことである。すぐれたコーチは,毎年勉強し成長していく。有能でないコーチは,自分を向上させる努力をしない。そのような有能でないコーチは,自分は運が悪く,巡り合わせがよくないだけだと言い訳をする。有能でないコーチに指導されるプレーヤーはバスケットボールというすばらしいゲームを知る機会を奪われ,おそらくプレーヤーとしての自分の能力を十分認識することはないであろう。プレーヤーには,コーチからの熱意のこもった満足のいく指導を受ける権利がある。

　コーチとして最も優れた仕事は,ときとして高校や中学のコーチによってなされる。私自身,カンザス州立大学に多くの優れたプレーヤーを送り込んでくれた高校,中学のコーチたちに大きな恩義を感じている。中学,高校に多くの優れたコーチがいるのは頼もしいことである。プレーヤーが本格的にバスケットボールを始めるのがこの時期であり,その時期のプレーヤーは,年齢的にコーチの影響や指示を受けやすい。発展途上の若いプレーヤーたちが成長していくのを目にするのは,さぞかし満足のいく仕事だろう。

🏀 コーチングの準備

❶——バスケットボールに関する書物や出版物を読む

　良い内容の本もあれば,ひどい内容の本もあるだろう。しかし,ひどい内容の本からでさえも何かを学べるはずである。読みながら分析し研究を進める。メモを取り,理解できないことについては文書で質問をする。読んだことは,すべてを鵜呑みにせず,内容をよく吟味し,選別する。使えないアイデアは捨て,使えそうなものはファイルに綴じて整理しておく。

❷——あらゆる種類の本を読み研究する

　特に,人間の本性についての知識・理解を持っていると思われる著者の本や,宗教,歴史,伝記,政治の本を選んで読む。広い分野にわたる知識がスポーツの世界では役に立つ。すばらしいスピーチの原稿は,できるだけ入手し,常に自分のスピーチ能力の向上に努める。

❸——自己改善に関する本を研究する

　どんな職業においても,自分がどのような人間であるか,自分の人柄や考えをどのように相手に伝えるかが,運命を決定づけることになる。

高名な心理学者であるアルバート・エドワード・ウィッガム博士は，「人格を根本的な構成要素にまで煮詰めると，それは"他人の関心を引く"そして"他人の役に立つ"という能力になる」と語っている。つまり，劣った人格とは，他人とうまくつき合えないということにすぎない。他人とのつき合い方の要領を知っている者は，どの分野でも成功する。

❹──できる限り多くのバスケットボールの試合を見る

　スカウティングとは，試合を分析しながら対戦相手の戦力を視察することであり，最も役に立つ指導材料のひとつである。個々のプレーヤーを注意深く観察しながら試合中におけるプレーの特徴をメモする。また，採用されているパターンや戦術を記録し，評価する。スカウティング・レポート，試合メモはすべてファイルに保存し，場面に応じて読み直す。この方法によって，試合をもっと深く理解できるようになる。

❺──試合のビデオを研究する

　ビデオは非常に有効な指導材料となる。1シーズンに何試合かは撮影できるであろうし，過去のビデオを提供してくれるコーチもいるはずである。過去のビデオはどれも有用であり，試合のビデオを研究しながら見れば，必ず何かを学ぶことができる。入手可能な映像をすべて使って研究することである。新しいテクニックは，過去の映像を研究することで開発されてきた。偉大なプレーヤーの映像を見れば，必ず多くのことを学べるはずである。彼らの動きを入念に研究し，自分のチームにとって最も有効な技術を取り入れることで，バスケットボールに関する知識も深まる。このような研究を通して，バスケットボールは進化してゆくのである。

　「There are no secrets in the game of basketball」という言葉をしばしば耳にするが，この言葉がどのような意味なのかよく注意しなければならない。"Secret"を「秘密」の意味として受け取ったコーチが，現在の自分の状況に甘んずる言いわけとして「ゲームには秘密がない」という言葉を使い，すべてを知ってしまったのでこれ以上知るべきことは何もない，という態度をとってしまうと，それは，チームの将来の発展を阻害することになる。こういう態度をとるコーチは常に変化し続けるゲームの発展とともに歩んで行こうという努力をほとんどしない。バスケットボールでは，昨日正しかったことが必ずしも今日正しいとは限らない。また今日正しいことが，明日も通用するとは限らない。バスケットボールは，発展途上のスポーツである。例えば，ここ20年の進化に目を向けてみただけでも，古い理論に

とらわれたコーチが多い中で，バスケットボールは驚くほど進歩を遂げている。長年，アウトサイドエリアからのワンハンドショットに反対するコーチがいた。しかし，このショットが使われるようになり，得点が入るたびにおこなっていたセンタージャンプを廃止するのと同じくらいゲームが革新されることになった。それ以前のコーチは，間違いなく「バスケットボールには秘密がない」と思っていたことだろう。ワンハンドショットをゲームに持ち込んだのは，コーチではなくプレーヤーたちだった。

その後ジャンプショットが使われるようになったが，この強力な武器もコーチが発見したのではなく，プレーヤーがコーチに教えたのである。

背の低いプレーヤーは，背の高い相手プレーヤーに対してジャンプし，その最高点でショットすることでかなりの程度まで身長の不足を補えることを発見した。その価値が証明されているにもかかわらず，ジャンプショットはよくないと反対するコーチが多くいた。このように旧来の理論に固執する態度は，バスケットボールの発展を妨げる可能性があった。成功についての一般的な考え方は，バスケットボールのコーチにも当てはまる。最も成功する人間とは，有効である間は古いものを保持し，より優れたものが現れれば，即座に新しいものを利用する人間のことである。

現在では，優れたプレーヤーの動きを観察することにより，多くのことを学ぶことができる。平均的なプレーヤーと優れたプレーヤーとの差は何か？ 優れたプレーヤーをビデオで研究することでその答えは出る。直観力，敏捷性，柔軟性などの違いによって，平均的なプレーヤーは，優れたプレーヤーほどに新しい技術の獲得がうまく進まないことに気づく。しかし，コーチが有効な新しい技術を明確な基本動作としてチームに導入し，それらを時間をかけて研究し，プレーヤーに指導し，繰り返し練習させた場合，プレーヤーは，その新しい技術を新しいファンダメンタルとして認識するようになる。プレーヤーは，これらの新しい基本動作に熟達するにしたがって，よりすばらしいプレーヤーとなるのである。

「バスケットボールに"secret"はない」の"secret"は秘密という意ではなく「成功の秘策」，つまり「バスケットボールには"必ずこうしなければならないという方法"などない」という意味だと私は考えている。コーチは日々バスケットボールについて学んでいかなければならない。ジェームズ・ネイスミス博士がかつて言ったように「バスケットボールをプレーするのは簡単だが，それをマスターするのは決して簡単ではない」ので

ある。

❻──コーチングスクールに参加する

　アメリカの州のほとんどには高校コーチ協会または運営協会があり，会員のためにコーチングスクールを開いている。これらの研修会は，熱意のあるコーチにとって絶好の機会となる。最高の仕事をしようと思っているコーチなら，最高水準のコーチから学ぶ機会を見逃すことはないはずである。ゲーム知識の多少に関係なく，新たに出会うコーチからは多くのものが学べる。この分野で最高の人たちと実際に触れ合って学ぶというのは，この上もないチャンスである。そのような人たちのもとで学んで，何かを得られないはずがない。自分のチームの指導に活用できることがたくさんあるだろうし，自分の考え方やアイデアが正しいと立証されるにすぎなかったにしても，その機会に費やされた時間と費用は無駄ではない。

❼──他のコーチと話し合う

　「バスケットボールには，成功の秘策がない」という言葉を別の言い方にするなら，「コーチ同士でバスケットボールについてアイデアを交換し議論するべきだ」となるのではないだろうか。こうすることでバスケットボールは成長し発展していく。われわれコーチは，バスケットボールから多くのものを与えられている。だから，バスケットボールの発展に少しでも貢献できるなら，喜びと誇りを感じるべきである。

❽──専用のファイリングキャビネットを用意する

　バスケットボールのあらゆる局面についての記事やアイデアをファイルすること。見たり聞いたりしたことすべてを保存するのではなく，良いと判断したものだけをファイルする。時間の余裕があるオフシーズンや夏休みの間，来シーズンの準備，計画をしているときに，これまで集めた物を研究，分析し，使えない情報を削除し，役に立つものだけを利用する。

　私は高校時代から雑誌，新聞，書籍からおもしろそうないろいろな記事を保存し続け，今でもその資料を収めた特大のスクラップブックを3冊持っている。そのような資料を集めるのは楽しいことだし，多くの機会に役立ってきた。

　スピーチ，チームのメンバーの話，バスケットボール掲示板等の記事には細かく目を配り，良い話や使えそうなものはチームに伝える。私は，チームにとって価値のある掲示物を貼り出すのと同時に，有効な指導用具として掲示板を活用しようと努めている。プレーヤーには，掲示板に示され

たすべての情報に目を通すよう義務づけている。つまり，プレーヤーは掲示板に示されたことをすべて知ったうえで練習に来なければならないということである。掲示板を使うことで，ロッカールームの雰囲気も良くなる。

　掲示板に，無意味にバスケットボールに関係のない情報を貼り出すべきではない。私のチームでは，チームにとって意味のある新聞，雑誌の記事を掲示している。バスケットボールに関連した記事，プレーヤーにとって有用な情報や，プレーヤーが興味を持ちそうな記事，ユーモアのある記事などを掲示する他，チームにとって特に重要なルールや学業に関する規則などを掲示するセクションを１箇所設けてある。そして，掲示板の中央には，「今日のひと言」を貼り出す。これには，1)バスケットボールについての格言，2)哲学，3)ユーモアの３つのカテゴリーがあり，それぞれについて短い言葉を書き出している。

　チームのメンバーの何人がこの「ひと言」に気づき，何人がそれを使っているか調べてみた。チームとして何か反応があるかを見るために，わざと数日間新しい「ひと言」を掲示しないでおく。そうすると，必ず何人かのプレーヤーは，なぜ「ひと言」を継続しないか尋ねてくる。

　私はときどき，プレーヤーが覚えている「ひと言」を聞くことがある。また，多くのプレーヤーが「ひと言」のリストをもらいに事務所へやってくる。そのようなプレーヤーには，自分自身で資料を集め，スクラップブックを作るように薦めている。

❾──オフシーズンの時間を準備と研究に費やす

　シーズン中のように，中断されたり，他のことに気を奪われたり，プレッシャーを感じたりすることがないため，この期間中は，いろいろな問題に集中し考え抜くことができる。これは来シーズンに向けて準備する絶好の機会である。可能であればビデオを利用して，終わったシーズンを振り返る。自分のチームのプレーヤーやスタッフを分析し，用具を点検し，来年度に向け準備を進める。そして練習計画を組み立て，自分の置かれた状況に応じたアイデアと計画を整理する。

　オフシーズンと夏休みの時間をどれほどうまく活用したかが，コーチの仕事の将来に重大な意味を持つことになる。時間は貴重である。無駄にしてしまった時間は取り戻せない。よく考えて使わなければならない。

3 | コーチング・フィロソフィー
PHILOSOPHY OF COACHING

　多くの優れた者が「コーチ」という仕事を長く続けられずに終わる。競争は激しく容赦がない。コーチは常に不安定な立場にある[*84]。たとえ一度優秀な戦績を得て自分が有能だと証明しても，それを繰り返し証明することが求められる。このような絶え間のないプレッシャーにもかかわらず，コーチは勝敗がどうであろうとも，自分に誇りを持てるような哲学を確立しなければならない。

　これは勝敗を超越せよということでもなければ上昇思考を否定しているのでもない。そんな生き方も可能かもしれないが，勝つチームをつくることが成功となる職業に伴う圧迫，緊張の問題の解答が，のんびりいこうという哲学になるはずはない。

　コーチは，自分のチームに向けられる関心を喜んで受け入れなければならない。そのような関心がなくなれば，指導への情熱や自分のコーチング技能を高めることへの気力も萎えてしまう。学習の重要な動機づけの1つがなくなることになる。私たちコーチは，スポーツに向けられる関心を糧にして生きているのである。しかし，関心を持たれるということは，責任を負わねばならないということである。コーチに，あるいはチームにスポットライトを当ててくれる地域社会で，自分がどのような役割を果たすのかを，コーチは自覚しておかねばならない。

　今日のコーチにとって大きな障害の1つは，周囲の功利的な考え方である。コーチがその考え方の犠牲になることも多い。優秀なコーチという評価は本来結果の善し悪し以上に，自分の掲げた理念を追求する姿によるものなのだが，周囲の集団を喜ばせるためには自分の信念，約束，行動を巧妙に使い分けるべきだという考え方である。

　社会問題についての高名な評論家ハワード・ホイットマンは次のように語っている。

　「今日の人間の心の中では2種類の自尊心がせめぎ合っている。1つ

---

*84. コーチは常に不安定な立場にある　アメリカのコーチはアマレベルであっても，成績が悪ければすぐクビになることもあるようである。

は，自分自身を誇れるという意味の自尊心，もう1つは，自分はうまく世渡りできるという意味の自尊心である」

　人間は，世間の倫理に従って，自分が何をするか，何をしないかを決めていく。しかし，コーチというものは，他人がどうするかには関係なく，自分自身ですべての決定を下すべきだと認識しておかねばならない。
　本当の幸福とは何かを理解するために，コーチは次のことを認識しなければならない。

「真の勝利は，利用可能な素材を用いて，ルールに従い，正当なスポーツマンシップの範囲内で，可能な限りの仕事を成し遂げた満足感から生まれる」

　このような勝利は，功利主義や便宜主義からではなく，むしろ謙虚さ，信念，懸命に働くこと，自律心，そして犠牲的精神から生まれることを，コーチは明確に理解しなければならない。
　若いコーチは，コーチングにまつわるさまざまな話や経験と対面することになる。それは，混乱のもとになるかもしれないが，コーチとして必要な資質を身につけるチャンスであるとも考えられる。その資質とは「成熟」である。「成熟」について「人間が成熟したと見なされるには何をなしておくべきか」と尋ねられたジグムンド・フロイトは，「愛することと，仕事をすること」と答えた。
　いつまでも子どものような甘い感覚では，コーチングをよりいっそう成熟させることはできない。安定して，影響力をもつ人間であらねばならない。プレーヤーはコーチを尊敬し，その判断を受け入れる必要があるし，またそれを望んでもいる。
　『近代戦争における精神医学』で，「成熟」とは以下のように書かれている。

　　成熟は，多くの要素から構成される人格特性である。その1つに粘り強さがある。つまり，ある仕事に固執し，努力を続け，その仕事を完成させるか，または，与えられた状況で要求されていた以上の成果をあげるまで，頑張りぬく能力である。この特性があって，初めて他人から頼られることになる。それこそが信頼性である。忍耐力も，成

熟の1つの側面である。困難なこと，不快さ，居心地の悪さ，挫折，苦難に直面しても目標を達成する忍耐力。物事を判断し，自分自身の決定を下せる能力もまた成熟の特性である。これは，自立していることを意味する。成熟している人間は，病気以外では人を頼らない。成熟には，決断したことを継続し達成させようとする意志，生き抜こうとする意志が含まれる。もちろん，成熟は協同する能力もさす。協同する能力とは，他人といっしょに，組織の中で指導者の下で働ける能力である。成熟した人間は柔軟性があり，時間，他者，状況に合わせることのできる人間である。寛容さを示し，忍耐強く，そして何にもまして，順応性と譲り合いの資質を備えている。成熟とは，以下の二つを合わせたものと考えられる。

(1)現状維持に満足せずに，積極的,建設的努力を続けることができる
(2)社会と関わりを持ち，献身的な言動を発することができる

精神的に成熟することは，人間にとっての道徳である。

順応性

私にとってこの言葉は，バスケットボールのみならず人生に対する哲学の最も重要な特質を端的に示している。バスケットボールは，多様な変化に順応することの重要性を学ぶ機会を，プレーヤーやコーチに提供してくれる。

人生やバスケットボールにおいて運命を決定するのは，降りかかってきた出来事ではなく，その出来事に対する反応の仕方だと，私はプレーヤーに言い聞かせる。出来事が物事に及ぼす影響を取り除いたり，状況を変えたりすることが常に可能だという訳ではない。成熟した人間は，人生の問題に正面から立ち向かい，その問題に応じて必要となる調整を図ろうと努力するはずだ。ベン・スイートランド博士は次のように述べている。

「心的態度が正しければ，挫折も自分自身のプラスになる。われわれは，障害を通じて成長する。一度失敗し，そこから立ち直ることで大きな満足が得られる。その時点での障害を克服したというだけでなく，もし将来別の問題に直面したとしても，その経験を通じて同様の問題に対処する方法を身につけたことになる」

自分自身に責任があるにもかかわらず，失敗や不幸を環境や特定の状況になすりつける傾向が，われわれ人間にはある。人間はどのような環境に置かれても，何かしらの不幸を感じるものだ。つまり，幸福とは心の持ち方次第なのである。

　ある晩，私は練習がうまくいかなかったので，不満を抱き，憤慨して家に帰った。その気分が顔に出ていたのだろう。当時5歳であった長男のラッセルが言った。

「パパ，今夜はきっと幸せじゃないんだね」

「ああそうだよ」と私は答えた。「どうしてお前はいつもそんなに幸せそうなんだ，ラッセル？」

「それはね，幸せでいたいからだよ」

　これは，息子から多くのことを与えてもらった中で，最も印象に残る言葉である。人はどこへ行こうと，何をしようと，違った環境や人びとに出会う。一度役に立った対応が，もう一度役立つとは限らない。その状況を考慮し，その場に応じて調整しなければならない。

🏀 ユーモアのセンス

　深刻になりすぎてはいけない。ユーモアのセンスがどれだけ重荷を軽くし，どれほど堅苦しい雰囲気を和らげるか。われわれはしばしばこのことを忘れている。

　数年前，チームが列車の乗り継ぎをしたときのこと。カンザスの小さな駅で真夜中に出発する列車に乗り換えるはずが，出発時間が4時間も遅れた。外気温0℃の中，小さな仮の待合室で待たされ，私の気分は重かった。しかし，気の利いた1人のプレーヤーが，皆を楽しまそうと前に進み出てきた。その雰囲気が広がり，他のメンバーもそれを盛り上げていった。悪夢のようになっていたかもしれない時間が，楽しい思い出に満ちた経験になった。それは，ユーモアが大切だと思い立った者がいたおかげだった。

　また，これまでにないほどひどい敗北を喫して帰宅したときのこと。腹を立て，やる気を失っていた私は妻に言った。

「最悪なのは，700万人もの人びとが，われわれの試合をテレビで見ていたことだ」

　妻の答えはこうだった。

「でもね，6億5千万の中国人は，あなたが試合をしたことすら知らな

いのよ」

この言葉は，私の気持ちを随分軽くしてくれた。

競技スポーツにおけるユーモアのセンスは，とても大切であるとノートルダム大学のムーン・マリンズも語っている。

「心配したってしょうがない。万事うまくいくことなんてないんだ」

彼はよくこう言って，ニッコリと笑ったものだった。こういう少々ナンセンスな考え方がプレッシャーをやわらげてくれるのである。

人生を楽しむことのできるコーチとは，心がいつまでも若く，神を信じ，人が好きで，身につけたユーモアのセンスを使ってうまく人づき合いのできる人である。

🏀 若々しい精神

コーチは，多くの問題と責任に直面しなければならず，自分で意図しないうちに，プレーヤーに対して無神経に接してしまうことがある。ときにコーチは試合に勝つことばかり考えて，プレーヤーを1人の若者としてではなく，仕事をするための人格のない道具として見てしまう。このような温かみのない態度や考えを持つことは許されない。

コーチは成熟した大人でなければならないが，いっしょに活動する若者たちを理解しようとするなら，彼らとの触れ合いを忘れてはならない。コーチは，若いプレーヤーの感情や考え方を知る必要がある。コーチという仕事において，何よりも大事にしなければならないのはこの若者たちなのである。

🏀 感受性

コーチは，「面の皮を厚く」しておく必要がある。スポーツを見る楽しみの半分は，プレーについてあとで批評し合うことにある。コーチ自身もあれこれ考えるわけだから，ファンが同じことをするのも当然だろう。そのチームに関心が寄せられれば，それだけプレーヤーは批判や賞賛の的になる。「応援だけして黙っていてくれ」とファンに言うことはできない。だが，批判も賞賛も過度に受け入れるべきではない。

不平への対処のしかたによって，友人ができることもあれば，敵をつくることもある。署名入りの手紙でチームへの不満を訴えてくる相手には，最大限の礼儀と配慮をもって答えなければならない。署名のない手紙はゴ

ミ箱の中へ始末する。無署名の手紙を出す者は，取るに足らない人間に決まっているからだ。周囲からの批評をやりすごすのはたやすい。何も言わず，何もしなければよいのだ。しかし，そういう態度ではコーチとしての存在意義さえなくなってしまう。

一流プレーヤーが卒業してコーチになったり，一般の職業に就いたとき，強いショックを受けることがある。プレーヤーとしてのスリル，周囲からの注目やお世辞が突然消えてなくなり，その代わりにひどい批判が自分に向けられる。そのような現実を受け入れることができない者もいる。しかしプレーヤーたちはコートやフィールドで得た経験を，日常生活に活かしていかなければならない。正しく活用すれば，その経験は生きる力として役立つはずである。

批判に対する過敏な感受性に効く最良の薬のひとつに，汗を流して労働をすることがある。夏休みにきつい労働をして過ごしたコーチなら，シーズンがまた巡ってくることを嬉しく思うはずである。コーチという仕事のありがたみがわかることも多い。私にとって最も有益だったのは，自分の家を建てた夏休みであった。身体を使って働き，それまでの決まりきった仕事から離れてみることで，次のシーズンに向けて心の準備が実にうまくできた。

● 性格の良さ

すがすがしいスポーツマンシップはすばらしいものだが，競技にはある種のタフさ（図太さ）も必要である。常に成功や栄光が手に入るわけではない。ときに人は，辛い経験を経て，人生には楽しいことばかりがあるのではないと学ぶのである。

「ナイスガイは試合に勝てない」という言葉がある。私はこの言葉を信じてはいないが，たしかに試合はピクニックではないし，性格があまり良くなくても能力が高く，無視できないプレーヤーやコーチがいるのも事実である。性格が良すぎるプレーヤーやコーチは，相手に踏みつけられることもあるのである。

● 規律

手遅れになるまで，規律の重要性を認識しないコーチが多い。その重要性に気づく時期が早ければ，それだけ良いコーチになれる。

スポーツ競技のチームに所属して初めて本当の規律を経験する子どももいる。最近では，親に本気で「駄目だ」と言われたことがない子どもを多く目にする。豊かさのおかげで若者は苦労して仕事を見つける必要はなく，その仕事にしがみつく必要もない。だから若いうちから上司の命令に従う経験もしていない。若者は車を自由に乗りまわし，規律のないまま独立して暮らしている。われわれコーチは，自由放任に育つ子どもの最終段階を指導しているわけである。そして，非常に困難な環境の中で，規律を保つことを期待されている。どのような状況かは，次のような子どもの歌を聞けばよくわかる。

　　「先生は校長先生が怖い
　　校長先生は教育委員が怖い
　　教育委員は学校の役員が怖い
　　学校の役員は子どもの親が怖い
　　子どもの親は子どもが怖い
　　子どもは何も怖くない」

　自由放任で混乱した社会の中にあっても，スポーツは規律を要求する。すなわち，「命令に従うこと」，「克己心」，「管理され訓練された精神」である。ここで言う管理とは，自己管理のこともあれば外部からの管理のこともある。自己管理がしっかりできていれば，外部からの管理は少なくてすむ。
　成功するためには，どのチームにも意志決定の絶対的なルールが必要である。すなわち，リーダーが決定を下し，その他のメンバーはその決定に従って行動するのである。試合中に作戦を議論することはできない。ミーティングを開いてどうするか話し合っている暇などない。決断は即座に下さなければならない。コーチは自らの心を統括できる人物，チームという船の船長でなければならない。
　コーチは，誤りを指摘し，プレーヤーを矯正しなければならない。プレーヤーを批判する目的は，そのプレーヤーを懲らしめるのではなく育て上げることであり，感情を傷つけるのではなく，向上させるための手助けをすることだと理解していなければならない。
　またコーチは，「正しさ」と「公正さ」の鋭い感覚を持ち，決して「えこひいき」をしてはならない。コーチは，チームから正当と認められる指

導をおこなう責任がある。練習の場におけるコーチは，最高裁判事と同じ存在であり，コーチへの口答えは許されない。コーチは，最もチームのためになるように賢明な裁定を下さねばならない。チームを力強く導くためには，指導者としての自分の権威をゆるがせてはならない。そして規律を守るための強い意志がなくてはならない。ジョージ・S・カウンツも以下のように述べている。

>「規律」はあらゆる活動や，目的を持った行動における必須要素である。このことを適切かつ明確に取り扱わないと，確実に敗北と大失敗が訪れる。規律は人間の生活のあらゆる局面で重要な役割を果たす。労力と犠牲，衝動の抑制，聡明な判断，定まった目標にエネルギーを向けることなどがなければどんな小さな成功さえ手に入れることはできない。

規律に関するすべての問題に共通なルールはない。これは状況によって決まるものである。どういう方法をとるにしても，その実効性は，おもに，コーチとチームのメンバーの関係，全体の状況によって決まってくる。それゆえ，あらかじめルールを決めるのではなく，個々のケースをそのたびごとに解決していかなければならない。

◎ スポーツ活動の教育的価値

コーチが教員と同じ教育者という立場に置かれるような時代は来ないかもしれない。一般の人びとはスポーツという分野を，教育の場におけるエンターテインメントとしてとらえている。

コーチが教育的判断力を十分に持ち合わせていないという理由から，チームの活動に禁止事項や制限が加えられている。そのような制限をチーム活動に課す必要があるというのは，コーチという職業に対する侮辱である。これは，教育の場を預かる責任者が，コーチという職業や，さらに言えばスポーツ活動の教育的価値について全面的信頼を寄せていないからである。コーチが確固たる教育の手段としてスポーツ活動は存在するということを明確に証明するまでは，学校や教育委員会の統制がなくなることはないだろう。

🏀 勇気

　自分と戦わねばならない時期が，どのコーチにもやってくる。一般的にそれは，試合をいくつか落としたあとか，成績の悪かったシーズンのあとに訪れる。負け試合がいくつか続けば，いろいろなことを言う者が出てくる。そしてコーチは，地域の人々の批判の的になる。こういう批判の言葉を口にする者はたいていの場合，何が正しく優れているかより，何が間違っているかに目がいくものである。このときこそ，コーチが勇敢になるべきときである。言い訳，もっともらしい理由をつけた説明，口実，弁明など一切なしに批判を受け入れなければならない。そしてその状況に適応し，行動によって秩序と自信を回復し，より良いシーズンに向けてチーム再建の仕事に取り掛かるのである。逆境に直面して，自分の威厳，誠実さ，品性を失うようなことがあってはならない。

　　人はあれやこれやと言う
　　人は私に自信をなくさせる
　　その人たちが，どんな人間なのかを知れば
　　その人たちの言い分にもっと敬意を払えるようになる

🏀 プレッシャーや緊張と共に生きることを学ぶ

　バスケットボールは，血圧を上昇させる。バスケットボールのプレーはスピーディであり，一瞬のうちに試合の流れが変わるため，緊張感は高い。試合の結果が，試合終了直前に放たれたショットによって決まることも多い。

　歓喜が一瞬にして絶望に変わる。バスケットボールのコーチは，常にそのような瞬間の中で生きている。それはエレベーターに乗っているかのような，栄光と敗北を往復する生き方と言える。

　試合に勝ち賞賛を得ようとする欲望，運，スポーツに向けられる大きな関心，プレーヤーが指導と練習の成果をコートで生かしてくれるようにという希望，チームが影響を受ける肉体的，精神的に不安定な条件，コーチングに費やされる時間，運命の急速な変化。これらすべての要因が，コーチングをプレッシャーの強い仕事にする。大きな大学のコーチか，小さな高校のコーチかは問題ではない。優れたコーチであっても，その緊張状態に耐えられずコートを去っていった者が何人もいる。

　コーチとしての緊張感は，敗者に限定されるものではない。それはコー

チングのあらゆる段階に存在し，勝者にも敗者にも及ぶ。緊張感がいつまでも続くと好ましくない影響が現れる。エドムンド・ジェイコブセン博士は，リラクセーション（緊張緩和）について『You can sleep well』という本で以下のように述べている。

> 「人間にはリラックスする能力が備わっている。この安全因子を無視して，緊張を保ったまま生き続けると，ときとして大きな危険を招く。夜間に充分リラックスできないと不眠症になり，それが続くと慢性疲労，神経過敏，神経衰弱などを引き起こし，それだけでなく，消化器官にかかるストレスが原因の消化不良や，それが悪化した痙攣性便秘や慢性大腸炎などの病気にもつながる。また，心臓に障害が出ることもあるだろう。これらはすべて，リラックスできないことから引き起こされるのである。」

緊張状態は，疲労感をもたらし，状況を分析して決定を下す能力を阻害する。この結果，コーチの思考は混乱し，仕事を十分に遂行することができなくなる。コーチはいらだち，チームや同僚との関係や，家族との関係さえ駄目にしてしまうことになる。仕事を忘れるために家族や友人と過ごしたり，趣味に没頭したり，休暇を満喫したりすることの苦手なコーチは，いつも仕事に追われ，人生を楽しむこともできなくなる。

過度の緊張を制御するすべを学ぶ

コーチとして健康的で幸せな生活を送るためには，過度の緊張を防ぐことが必要である。そのために何ができるかよく考えてみよう。

リラクセーションの技術を学ぶことで，不快な思いや感情を取り除き，完全な快適状態に達することができるとエドムンド・ジェイコブセン博士は書いている。

リラクセーションの技術をマスターできれば，心臓や血管に深刻な負担をかけず，胃や腸にも変調をきたさない。コーチとしての能力を大きく低下させることなくコーチ業に伴う重荷に耐えることが可能になるのであれば，その技術を学ぼうとするのが当然ではないだろうか。

リラクセーションは，身体的なスキルとして会得し，上達し，忘れることがあっても，再び会得することができるという点において，極めてスポ

ーツと類似点が多い。

「リラクセーション」の意味を誤解している者がいるかもしれない。私は，ゴルフをしたり，演劇を見たり，本を読んだりしてリラックスすることを言っているのではない。私が言う「リラクセーション」は，筋肉をほぐすことである。それはぬいぐるみ人形のように力を抜くことである。拳を握り腕に力を入れると筋肉は緊張する。リラクセーションとは，拳や腕をグニャグニャな状態にすることである。単に拳を開いたり腕に力を入れないでおくのではなく，完全に力を抜くことである。

人が全身の力を抜き，グニャグニャになれれば，リラックスするすべを学んだことになる。これには，時間と練習が必要である。できるなら，この技術の練習に1日1時間を費やすべきだ。筋肉をほぐすことで，生活を楽しみ人びととうまくやっていく能力も向上する。

リラクセーションで得られた知識と経験によって，コーチはチームのメンバーにも緊張状態に対処する方法を教えることができるようになる。緊張は，身体のさまざまな部位の筋肉をこわばらせる。プレーヤーたちもリラクセーションを学ぶことで，緊張部位を認識し，それをほぐすことができるようになる。

試合中の緊張を完全に制御する方法は，私もまだつかんでいない。私は，他のコーチの行動を観察してきたが，忙しくメモをとるコーチ，手近のものを噛むコーチ，審判が間違った笛を吹いたり悪いプレーが出たときにタオルをかぶるコーチなどがいる。試合に完全に集中するあまり審判の存在を忘れているコーチもいれば，審判の判定にばかり集中して試合を忘れてしまうコーチもいる。緊張を取り除く良い方法は，怒って怒鳴り散らすことだと言う者もいる。その説にも一理あるが，審判に怒りをぶつけてはならない。そんなことをすれば，試合を落としてしまうことになりかねない。

私は，常に静かにベンチに座り，ポーカーフェイスでいるという方法を試したことがあるが，その場合プレーヤーもコート上で同じような熱意のない態度をとるように思える。「コーチは試合に対して関心を持っていないから自分たちも同じようにしよう」と考えてしまうようだ。試合に臨むチームの態度は，常にそのチームと共にいるコーチの態度に影響されるのは当然だ。コーチは，あまり極端な態度を取らないほうが安全である。

試合などの重大な局面で，突然とてつもない緊張の瞬間に直面した場合には，コーチは特別な方法で対処する必要がある。こういう状況をうまく

乗り切る方法を，ロイド・パーシヴァルが紹介している。

> 「最も効果的な緊張緩和の方法はゆっくり，深く，規則正しく呼吸することだ。緊張に襲われると思った瞬間に，息を深く吸い込み，その状況が続いている間，ゆっくりと深く呼吸する。こうすることで，物事の動きがゆっくりしたものに見え，緊張が高まらず，落ち着きを保つことができる」

この方法は，試合終了間近の勝敗に関わるフリースローなどの場面に用いることで，プレーヤーにも役立つ。

ある患者に「神経症を完全に治して心の平穏を得る方法があるか」と質問されたジグムント・フロイトは，「私とあなたが力を合わせてがんばれば，症状を軽くすることはできるが，不安感をすべて取り除くことはできない。それがわれわれ人間としての宿命である」と答えたという。

コーチという職業についても同じことがいえる。リラックスするすべを身につけることで，プレッシャーや，その結果として起こる緊張の中で生きていけるようになる。しかし，すべての不安を取り除くことはできない。なぜならば，それがコーチの宿命であるからだ。

訳者あとがき

　バスケットボールの基本が個人技能にあることについては，誰も異論を唱えることがない。個人技能の高い選手を集めることが強いチームをつくることにつながる。しかし，個人の動きをどう5人の動きに結びつけていけばよいのかは，多くの指導者が思い悩む課題でもある。特にオフェンスの場合，3対3までは，指導者やプレーヤーが理論的にバスケットボールを理解していなくても，プレーを重ねることで自然にうまくなっていく部分が少なくない。ところが5対5になると様相が一転する。ディフェンスの人数が増えることで，オフェンスにとっての十分なスペースがつくりにくくなり，複数のディフェンスプレーヤーを相手にしなければならなくなる。特に両チームの力が均衡してくると，単なる個人技能だけでこの問題を解決することは難しくなり，5人の集団としての動きの約束・共通理解がどうしても必要になってくる。いずれにせよ，個人技能を高めることと，5人という集団技能を高めることは，異質な課題であるといえるのではないだろうか。

　トライアングル・オフェンスが優れているのは，システムオフェンスでありながら個人の能力を殺すことなく，しかも5人を機能的に働かせることができる点である。本書は，その基本となる考え方を示し，個人あるいは少人数での種々の技術を，ドリルの紹介を交えて明確に解説している。1つひとつの動きの分解練習を積み重ねながらトライアングル・オフェンスを理解することは，バスケットボールのオフェンスに関する総合的な理解に通じる。それぞれの動きには，それから派生するオプショナルプレーが数多く用意されており，そのオプショナルプレーの存在が，個人技能に長けたNBAというプレーヤー集団の中でも通用し，成功した秘訣であろう。システムというと，型にはまった動きを連想するが，オプショナルプレーを多く用意することにより，ディフェンスの対応を困難にし，多彩な攻撃が創出されるのである。バスケットボールを総合的に理解しながらもクリエイティブ（創造的）に動くことができるという点においては，NBAといった高度な技術集団以上に，高校生のような若い集団において

より必要といえるのかもしれない。また，いつの時代でも変わることのない普遍的な「コーチング・フィロソフィー」も全体を通して示されており，40年以上経過した現在においても，充分に示唆に富んだ内容であるといえよう。

　翻訳作業は，第1～6章を村上が，第7～9章を森山が担当し，全体を笈田が推敲・整理して完成させた。原文には独特の言いまわしが見られ，また説明文と図が一致しないところもあり，作業は難航した。しかし，読者にとっての読みやすさを求め，説明が必要と思われる箇所には訳注（用語解説，補足説明）を加え，図においても分割説明を施すなどして原書を補った。また，理解のしやすさという観点から，第2章と第3章の順序を入れ替えて構成した。

　原書は3部（第1部：The Triple-Post Offense，第2部：Developing Programs，第3部：Coaching Profession）14章から構成されているが，第2部第7章「Developing the Young, Tall Player in Basketball」は割愛し，また，第8章「Body Balance and Dribbling」，第9章「Passing」，第10章「Shooting」については，現在の技術理解との隔たりがあるため抄訳を施して1章分にまとめ，さらに第3部においても，4章の構成をまとめ直して2章で構成した。

　監訳者・訳者ともに最大限の努力を試みたが，非才がゆえに原書の表現を伝えるには不十分な点が多々あろうかと思う。この点，読者諸賢のご教示ご叱正を賜れば幸甚である。

　最後に，翻訳家の松崎広幸氏には，全体にわたり訳文の緻密な検討を施していただき，数々の貴重なご助言をいただいた。この場をお借りして感謝の意を表したい。

2007年5月
村上佳司　森山恭行

[著者紹介]

テックス・ウィンター（Morice Fredrick "Tex" Winter）

　1922年生まれ。

　1947年，南カリフォルニア大学卒業。

　1952年，マーケット大学ヘッドコーチ，1954年，カンザス州立大学ヘッドコーチに就任。1958年と1962年には年間最優秀コーチに選ばれている。原書はそのとき（1962年）のものである。

　1985年NBAシカゴ・ブルズのアシスタントコーチに就任。フィル・ジャクソン・ヘッドコーチのもと，1991，1992，1993，1996，1997，1998年の6回，NBAチャンピオンシップ。2000，2001，2002年には，同じくフィル・ジャクソン・ヘッドコーチのもと，ロサンゼルス・レイカーズでNBAチャンピオンシップ。

［監訳者紹介］

笈田欣治（おいた　きんじ）

1941年，大阪府生まれ。

1964年，東京教育大学体育学部卒業。

現在，関西大学名誉教授。同大学バスケットボール部技術顧問。大阪エヴェッサバスケットボールスクール校長，大阪エヴェッサバスケットボールカレッジ学園長。一般社団法人籠究塾塾長。

〈おもな資格，指導歴〉

- 日本体育協会公認バスケットボール上級コーチ
- 関西大学監督（西日本学生選手権1969年優勝）
- 国民体育大会大阪府監督（1976年佐賀大会成年女子準優勝，1987年沖縄大会成年男子準優勝）
- ペンシルバニア州立大学客員コーチ（1980年），ノースカロライナ大学客員コーチ（1986年）

［訳者紹介］

村上佳司（むらかみ　けいし）

1961年，大阪府生まれ。

1984年，日本体育大学体育学部卒業。

1999年，兵庫教育大学大学院学校教育研究科修了。

2009年，天理大学体育学部准教授。同大学バスケットボール部監督。

2014年，國學院大學人間開発学部教授。同大学バスケットボール部部長。

〈おもな資格，指導歴〉

- 日本体育協会公認バスケットボール上級コーチ
- 大阪経済大学ヘッドコーチ（全関西トーナメント1998，2000年準優勝）
- 浜松大学コーチ（西日本学生選手権大会2007年優勝）
- 天理大学監督（全日本学生選手権大会2010年7位，西日本学生選手権大会2012年4位）
- 全日本学生オールスター西軍アシスタントコーチ（2001年）
- カリフォルニア大学サンタバーバラ校研修コーチ（2001年）

森山恭行（もりやま　やすゆき）

1956年，島根県生まれ。

1978年，筑波大学体育専門学群卒業。

島根県立高等学校教諭（15年）を経て，現在，国立松江工業高等専門学校人文科学科教授。同校バスケットボール部監督。

〈おもな資格，指導歴〉

- 日本体育協会公認バスケットボールコーチ
- 国民体育大会島根県監督
- 松江高専監督（全国高専大会11回優勝，このうち3連覇を2度達成）
- オレゴン州立大学客員コーチ（1995年）

バスケットボール　トライアングル・オフェンス
©Kinji Oita, Keishi Murakami & Yasuyuki Moriyama 2007

NDC783／x, 163p／22cm

初版第1刷	2007年7月15日
第6刷	2015年9月1日

著者	テックス・ウィンター
監訳者	笈田欣治（おいた きんじ）
発行者	鈴木一行
発行所	株式会社 大修館書店

〒113-8541　東京都文京区湯島2-1-1
電話03-3868-2651（販売部）03-3868-2299（編集部）
振替00190-7-40504
[出版情報] http://www.taishukan.co.jp

装丁／本文デザイン	井之上聖子
表紙カバーイラスト	落合恒夫
組版	有限会社 秋葉正紀事務所
図版	寺村秀二（イーアールシー）
印刷所	図書印刷
製本所	図書印刷

ISBN978-4-469-26590-3　Printed in Japan

Ⓡ本書のコピー，スキャン，デジタル化等の無断複製は著作権法上での例外を除き禁じられています。本書を代行業者等の第三者に依頼してスキャンやデジタル化することは，たとえ個人や家庭内での利用であっても著作権法上認められておりません。